# LE CAPRICORNE

CAPRI COR NUS

Michèle Curcio

*Les Signes du Zodiaque*

# Le Capricorne

Seghers

Sand

*Frontispice :*
Liber Astrologiae. *Manuscrit latin du XIV^e siècle.*


ISBN 2-7107.0110.3

SOMMAIRE

## Première partie



## Deuxième partie



## Troisième partie

# Première partie

L'Adoration des Mages. *École de Paris, XIVe siècle.*

# Chapitre I
# Etrange et séduisant Capricorne

Du 21 décembre au 19 janvier, le Soleil se lève dans le signe du Capricorne. Cette expression est devenue théorique depuis qu'on a pu déclarer avec certitude que le point gamma, le point vernal, où l'écliptique rencontre l'équateur, se déplace, alors qu'on le considérait comme fixe et fiable. Ce point, c'est celui où le Soleil est réputé apparaître sur la ligne d'horizon au matin du 21 mars. Tout le système astrologique était basé sur sa fixité. S'il se meut, contentons-nous de considérer, non plus la constellation réelle dans le ciel devant laquelle il est censé se lever, c'est-à-dire, entre le 21 décembre et le 19 janvier, la constellation du Capricorne, mais la saison terrestre et la situation du Soleil par rapport à la Terre.

Nous atteignons une période d'une importance essentielle pour toute l'humanité. Non seulement cette période voit se dérouler les festivités les plus brillantes et les plus universelles, mais de plus elle conserve des traditions profondément enracinées dans la conscience des peuples. Il n'est pas une famille qui ne pense, le 24 décembre, à cette très lumineuse fête de Noël, et pas un enfant qui ne l'attende. C'est cette union, de l'enfant et de l'adulte, dans une même célébration, qui constitue le premier trait essentiel de la commémoration du 25 décembre.

Que célèbre-t-on ce soir du 24 décembre ?

Est-ce réellement la venue du Sauveur ?

Est-ce quelque autre réminiscence ?

On n'en est plus à innover lorsqu'on remet Noël en question, et la foi la plus sincère, la ferveur la plus absolue, ne peuvent nous empêcher de songer aux fêtes antérieures.

Il y a eu, au cours de la période où le point vernal se trouvait dans le signe zodiacal du Taureau – ainsi que je l'explique dans l'étude sur le signe du Taureau dans cette série – une fête du 25 décembre, consacrant le culte de Mithra.

Mithra était un taureau déifié qui, aux yeux des fidèles, représentait le Soleil. Au jour le plus court de l'année, alors que tous les hommes voyaient avec crainte le Soleil devenir de plus en plus pâle, tandis que sa présence se faisait de plus en plus courte, ils pouvaient penser avec angoisse que la Terre allait vers une nuit perpétuelle : le Soleil, comme une torche, achevait probablement de se consumer !

Et puis, voici que la lumière redevenait plus brillante et les jours plus longs. Une joie indicible montait, bouleversant les cœurs, faisant trembler d'espoir les plus impavides. Le Soleil ne pouvait donc pas disparaître. Le Soleil restait invaincu !

Alors, dans un élan délirant, on se réunissait pour l'adorer et le remercier d'être là, renaissant, et on lui offrait un taureau orné, doré, adulé et admiré, la représentation de Mithra. Ce Taureau n'était pas sacrifié. Il devait vivre et rejoindre son troupeau, car il était le Soleil triomphant.

C'est de cette antique et primitive joie qu'est née la semaine des fêtes « de fin d'année », où se situe la célébration de la naissance de Jésus-Christ. Car, comme il y a des lieux où souffle l'esprit, il y a des dates où monte la joie. C'est dans la logique de l'Univers que Jésus, le « nouveau soleil », soit venu parmi les hommes à cette date solsticiale !

**Noël nordique**

Je vais emprunter à J. P. Bourre ces notions sur

le culte du feu, qui précéda Noël dans les temps pré-chrétiens.

« Depuis des millénaires, bien avant sa christianisation, Noël est considéré comme une fête de la lumière, et elle se situe précisément à la date du solstice d'hiver. Chaque foyer protège la flamme sacrée, pour la préserver du froid, pour la soustraire aux tempêtes extérieures. » (*L'Autre Monde*, No. 15).

Le but de cette célébration est de préserver cette lumière si faible et si précieuse, afin qu'elle ait la force de traverser la période pleine de périls qui sépare ce mois de décembre du 21 mars !

Selon les ésotéristes, la tradition chrétienne de Noël est purement symbolique.

Selon J. B. Bayard, la Nativité aurait eu lieu non dans une crèche, c'est-à-dire une étable, mais dans une grotte. C'est également dans une grotte que naquit Adonis, qui appartient à la mythologie de la Grèce antique, et c'est aussi dans une grotte que serait venu au monde Mithra, un 25 décembre également.

Ainsi, celui qui veut approfondir les diverses traditions ésotériques ou religieuses retrouve les mêmes récits et c'est pourquoi nous considérons qu'il y a des lieux, sur le Zodiaque, qui semblent destinés à retenir les mêmes symboles, comme il y a des lieux géographiques qui sont la marque de manifestations spirituelles.

Cette date du 25 décembre est un des plus grands moments ésotériques du calendrier.

Ainsi, le natif du Capricorne vient-il au monde au sein d'un archétype universel unissant la terreur de la nuit, la sévérité silencieuse du grand froid et l'éclat délirant d'une fête de lumière, d'espoir, de spiritualité et de très concrètes ripailles. Et s'il y a miracle, c'est dans l'union de ces repas et de ces privations, de ce désespoir et de cette illumination, de cette végétation qui paraît morte, à l'exception d'une plante, un arbre toujours vert, le sapin, ce « roi des forêts ».

Comme nous ne tarderons pas à le voir, tout cela imprègne le psychisme des natifs de ce signe. Mais revenons au point de vue de l'Astrologie.

Dans le firmament, la constellation du Capricorne est effacée à chaque aurore par le rayonnement du Soleil, faible mais suffisant pour éteindre les étoiles. Même la belle Véga en pâlit et semble disparaître.

Triste et dramatique solstice d'hiver, où le jour le plus court rencontre la nuit la plus longue !

**Le dépouillement**

Le solstice du Cancer, au cœur de l'été, marquait le point culminant de la lumière. Le solstice du Capricorne nous montre chaque année la vérité de l'adage, selon lequel « c'est quand tout va le plus mal que tout commence à aller mieux ». Cette froidure, ces nuits qui n'en finissent pas, ces jours où le soleil est si pâle, même quand le ciel est clair, tout cela annonce les plus grands espoirs, car le jour le plus court ne peut que précéder des jours de plus en plus longs. Mais on n'y pense pas encore, à cette période de l'année. Et les natifs du Capricorne restent toute leur vie avec cette marque du gel, de la vie contenue, de la méditation glacée et du mince et fragile espoir de revoir un jour reparaître, si le destin est favorable, la merveilleuse lumière du printemps.

La nature accomplit son œuvre continue; rien ne s'interrompt jamais au cours des saisons; mais son travail se fait dans le secret, dans le silence, dans l'ombre. Comme elle, le natif du Capricorne aura toujours son royaume secret, son occultum, où se développe l'ensemble des impulsions et des pensées qui forment une personnalité; quand on croit l'avoir déchiffré, on n'a pas encore fait un pas dans sa réalité.

Introversion, autodéfense, concentration et dépouillement : telle est la panoplie du natif de ce signe.

---

*« Le temps a laissé son manteau de vent, de froidure... »*

*Charles d'Orléans*

Sur la réserve, sur la défensive, cachant son jeu, gardant toujours une certaine froideur, il se montre dans la vie sociale absolument différent du ce qu'il est en réalité. Si, au plus profond de lui-même il était aussi froid, aussi immobile et muet qu'il l'est extérieurement, il ne présenterait pas grand intérêt. Or, au contraire, c'est une nature infiniment étrange et riche, belle et noble en même temps qu'armée pour la vie pratique.

Pas plus que la nature ne cesse de travailler dans un cycle continu, aucun signe du Zodiaque ne refuse à ses natifs une originalité de base et des méandres riches en mystères, en surprises et en valeur propre. Le Capricorne a beau ressembler à une terre glacée, il a, comme chacun, ses trésors bien personnels et des possibilités à peu près illimitées de vie, de progrès, de bon sens et d'amour.

C'est un des types les plus complexes et les plus attachants du Zodiaque.

## La Maison X

Le Capricorne, dixième signe du Zodiaque, est associé à la Maison X. Mais comment doit-on comprendre cette association d'un signe à une Maison et quelles déductions sont à tirer de cette thèse : c'est ce que je voudrais tenter d'expliquer maintenant.

Le Zodiaque est dans le ciel; il tient son influence des constellations et surtout du Soleil. Les Maisons sont considérées comme le reflet sur la Terre des influences célestes. On détermine les douze Maisons de la façon suivante : imaginez-vous au milieu d'une vaste plaine plate, ou sur une mer calme, loin de toute côte, vous serez comme entouré d'un cercle qui limite pour vous la partie visible du paysage; c'est la ligne d'horizon. On suppose que cette ligne, au lieu de se trouver interrompue par les reliefs du sol, est unie.

C'est la ligne qui, d'après le point où vous vous trouvez sur la Terre, partage le globe en deux parties égales : celle qui est au-dessus de la ligne d'horizon est théoriquement visible; celle qui est au-dessous ne pourrait être qu'invisible : elle est masquée par la rotondité de la Terre. Supposez maintenant que l'on fasse passer un cercle par le centre de la Terre, par les deux pôles et par le point où vous vous trouvez : c'est un méridien. Pour vous, il divise la Terre en deux moitiés, la moitié est et la moitié ouest. Nous avons donc quatre quarts de globe terrestre délimités. Par rapport au point où vous êtes et selon l'heure solaire, à minuit, le Soleil passe par le point le plus bas sous l'horizon et sur le méridien; c'est le Fond du Ciel; à midi, il passe au-dessus de vous par le point le plus haut, et c'est le Milieu du Ciel. Entre ces deux passages, il a franchi la ligne d'horizon entre minuit et midi en un point appelé Ascendant; et entre midi et minuit, il a de nouveau franchi la ligne d'horizon en un point appelé Descendant.

Pour faciliter et préciser leurs données, les astrologues ont divisé chacun de ces quarts de globe en trois parties, et on a maintenant douze sections. Elles ont été numérotées de I à XII : ce sont les Maisons.

Par convention, on appelle Maison I celle qui s'appuie sur la ligne d'horizon, à l'Ascendant. Puis, on compte II, III et IV, en descendant vers le Fond du Ciel; on continue V, VI, VII, en remontant vers le point Descendant, et VIII, IX, X, en allant du point Descendant au Milieu du Ciel, XI et XII revenant du Milieu du Ciel à l'ascendant.

On voit alors que parmi ces Maisons, si on les étudiait le 21 mars, jour où le Soleil se lève au point vernal, commencement de tout calcul astrologique et début de l'année astrologique, on aurait la Maison I qui correspondrait au signe du Bélier. Dans ce cas, chaque Maison correspond à un des signes du Zodiaque. Et, en fait, les significations de ces Maisons reflètent d'une certaine façon celles du Zodiaque.

Maison I (Bélier). Concerne la psychologie du sujet, ses impulsions, ce qui l'attire et l'anime.

Maison II (Taureau), les bien matériels.

Maison III (Gémeaux), les écrits, les déplacements et les rapports directs avec l'entourage.

Maison IV (Cancer), les origines, le milieu familial, les parents et le foyer natal du sujet.

Maison V (Lion), les jeux, l'amour et les enfants.

Maison VI (Vierge), le travail journalier, la santé, les servitudes domestiques, ou travaux nécessaires à la bonne tenue du foyer familial.

Maison VII (Balance), les relations sociales, le mariage, les associations.

Maison VIII (Scorpion), la mort, les crises, les transformations.

Maison IX (Sagittaire), la vie spirituelle, les connaissances supérieures et les très grands voyages.

Maison X (Capricorne), la vie sociale du point de vue de la carrière, du standing, des honneurs.

Maison XI (Verseau), les amitiés et les protections.

Maison XII (Poissons), les épreuves.

Ainsi, que nous l'avions dit avant de faire cet exposé sur les Maisons, le signe du Capricorne correspond à la Maison X. Cette Maison X, comme nous venons de le voir, se trouve au midi astrologique, c'est-à-dire au Milieu du Ciel, pour le sujet placé sur la Terre, à son lieu de naissance. On voit donc que, tandis que le Capricorne, par rapport au déroulement des saisons dans l'année, se trouve placé en quelque sorte au « fond du ciel », au point le plus bas du Soleil, un minuit symbolique, la Maison X est au midi du même symbolisme; dans toute situation, si désespérée qu'elle paraîsse, il y a un grand espoir. Au cœur de l'hiver, on sait que bientôt les jours vont s'allonger et les plantes reverdir. Moitié dans l'ombre, donc invisible; moitié dans la lumière, donc visible, le signe est souvent représenté par une chèvre, dont une partie du corps serait enfouie dans un coquillage. La chèvre, c'est le côté « midi » du signe, la Maison X; le coquillage qui masque le reste du corps, c'est le côté minuit du signe, dans la partie cachée de la Terre.

### Signe de Terre

Comme le Taureau, comme la Vierge, le Capricorne est un signe de Terre. Le Taureau, c'est la Terre printanière, fertile, ornée de fleurs, la Terre du mois de mai, qui commence à promettre, qui se livre tout entière à la beauté. La Vierge, c'est le signe fixe, la Terre qui a produit et qui marque le temps d'arrêt nécessaire pour permettre aux êtres qu'elle nourrit de faire les récoltes, de les engranger, de les compter et de les soigner. La Terre du Capricorne, enfin, c'est une Terre inconnue : dans son sein, s'effectue le mystérieux travail qui précède la germination. Les débris laissés lors des récoltes se sont enfouis et, en se putréfiant, enrichissent le sol pour produire de nouveau. Si les graines ont été semées à l'automne, elles participent à un sourd travail en se modifiant, en effectuant leur transformation chimique et biologique, qui les réchauffe et les prépare à la germination.

Reflet de cette date, le natif du Capricorne s'attachera à la conception des idées et des projets, à la mise au point des programmes à long terme.

### Face au Cancer

Sur le Zodiaque, le signe du Capricorne se trouve diamétralement opposé au Cancer.

On a souvent dit que le Capricorne est au Cancer ce que le père est à la mère; le sommet, à la base; le règne, au berceau; l'objectif, au subjectif; enfin, la

*Vue de la Terre prise d'Apollo XVI.*

crête du rocher, où vit la chèvre, symbole du Capricorne, au fond du vallon où coule l'eau dans laquelle vit l'écrevisse, symbole du Cancer.

Si l'on compare l'ensemble des signes du Zodiaque à une vie humaine dans son cours terrestre, on peut dire que dans la mesure où le Cancer est le temps où la vie prend forme concrète de chair, le Capricorne est le temps de la retraite où, instruit par les expériences, ayant accompli sa mission, la vie tend à se désincarner, à se détacher des matérialités. A un degré moindre, il tend à se détacher de ses intérêts matériels immédiats, probablement pour avoir eu le temps de les satisfaire ou de constater leur inanité, pour considérer les intérêts de la société ou de l'État, c'est-à-dire de la collectivité.

Si nous comparons les quatre éléments entre eux, nous pouvons faire un parallèle avec quatre qualités élémentaires et dire qu'au Feu correspond le chaud, à l'Air, correspond le sec, à l'Eau correspond l'humide, et à la Terre, enfin, correspond le froid.

Un signe de Terre, par les dispositions harmonieuses et les correspondances qui régissent tous les phénomènes naturels, appartient au monde du concret et de la logique. Au froid sec, aux planètes Mercure et Saturne enfin, ce sont le Taureau, la Vierge et le Capricorne.

Le natif d'un signe de Terre aura généralement un tempérament nerveux. Il est dominé par la vie cérébrale; c'est un penseur. Il s'extériorise difficilement.

## Saturne

A chaque signe du Zodiaque correspond, sur la Terre, une Maison; mais dans le Ciel, correspond à ce signe une planète entre les autres. C'est Saturne qui correspond au signe du Capricorne.

Essayons de connaître mieux Saturne. On figure

*Dans la sévérité silencieuse du grand froid...*

symboliquement cette planète par un signe représentant la croix, qui signifie la matérialité, au-dessus du croissant, qui est la personnalité.

Le mot clé de Saturne, résumant sa signification et son influence, c'est « restriction ».

Cette Planète est, en général, considérée avec une grande méfiance; on lui attribue beaucoup de déboires humains. Pourquoi ?

On a donné à Saturne les caractères du temps, le temps-durée, celui qui passe tantôt trop vite, tantôt trop lentement.

Saturne est une planète qui ne contribue pas, apparemment, à susciter chez les êtres humains de ces joies et de ces élans qui sont considérés comme optimistes, favorables à la vitalité, bénéfiques. Au contraire, si Saturne apporte des joies, elles sont graves, c'est-à-dire sévères, difficiles d'accès, mais pourtant bien réelles : ce sont celles que procurent l'étude de la philosophie ou la recherche scientifique.

Saturne implique surtout la notion de la rupture avec le foyer natal, avec la mère. Il pousse l'homme à prendre conscience de sa propre responsabilité et de ses propres devoirs. La croissance, qui, de l'enfant, fait un adulte, ne se déroule pas sans quelques crises; elles sont désagréables, mais nécessaires et utiles. Elles ne se limiteront pas à l'âge adulte, car tout de long de notre vie, du fait d'une sentimentalité trop exacerbée, nous subissons des déchirements. C'est une nécessité à laquelle chacun de nous doit se plier sous peine de rester diminué.

Saturne est le levier le plus puissant de notre évolution, justement parce que, froid et indifférent, il nous pousse en avant quelles que soient nos plaintes, quels que soient nos regrets. Nous devenons capables de voir autre chose que le cercle étroit qui nous entoure et c'est à cause de cette capacité que nous ne sommes pas des bêtes, mais bien des êtres humains.

Il n'est pas normal ni raisonnable d'assimiler le

« saturnien » au maudit, au maléfique, au frustré.

Nous verrons, dans l'étude de la psychologie des natifs du Capricorne, que l'on peut distinguer deux sortes de saturniens : ceux qui, se sentant frustrés, ambitionnent de posséder tout ce qui leur manque; ils travaillent, font des affaires et cherchent à acquérir une bonne position sociale. Et ceux qui se cantonnent dans la frustration, ne luttent pas et se détachent des biens dont ils se sentent privés, constatant qu'ils peuvent vivre en s'en passant. Ce sont les travailleurs acharnés de la recherche, tous ceux qui trouvent leur raison de vivre dans une tâche scientifique, dans un but absolument extérieur à leur propre personne.

### Le caractère astrologique du Capricorne

En Astrologie, le Capricorne se trouve donc étroitement associé à la planète Saturne. Si cet astre domine à la naissance du sujet, c'est-à-dire s'il occupe une position privilégiée dans le Ciel, les tendances du signe auront plus d'intensité.

Traditionnellement, l'individu dominé par la planète Saturne présente physiquement des traits bien spécifiques. En général, il s'agit d'un longiligne, un être bâti tout en longeur, au visage osseux et tourmenté. Son teint est souvent gris, sans couleurs, on le dit « plombé ». Les lèvres sont généralement minces ou tombantes. Il n'abuse de rien, il est sobre et raisonnable; mais c'est un puissant travailleur, qu'il soit désintéressé ou ambitieux. Il bénéficie rarement de la chance pure, mais il réussit sa carrière à force de travail et d'économie.

L'Offrande au dieu Pan *(musée du Petit-Palais).*

# Chapitre II

# Le symbolisme et la mythologie du Capricorne

« Mon but est seulement
de montrer quelle folie c'est
de vouloir prouver l'infini. »
EDGAR POE.

On peut dire que le Capricorne représente l'incarnation du Verbe. En effet, on remarque que dans la tradition chrétienne, l'annonce est faite à Marie le 25 mars, donc au commencement du signe du Bélier; la naissance du Christ a lieu neuf mois plus tard, le 25 décembre, sous le signe du Capricorne.

Il y a d'une part le phénomène humain de la gestation qui s'étend sur neuf mois; mais, d'autre part, se manifeste un phénomène unique : le Verbe, la parole, l'annonce, qui avait informé la Vierge de la venue d'un fils, ne demeure pas une de ces paroles dont on dit qu'elles s'envolent. Le Verbe devient chose réelle, événement concret, réalisation, et plus encore, incarnation.

Et c'est la caractéristique fondamentale de cette période que d'avoir connu cet événement symbolique.

Quelles que soient les traditions consultées à propos de symbole, elles sont d'accord pour exprimer qu'il a une double valeur et une double signification. D'une part, il est le résultat de la descente de l'étincelle animatrice dans la matière, qui fait d'un organisme animal un homme pensant, doté d'une intelligence et d'une âme; d'autre part, il se situe au moment où commence le processus de désincarnation, afin que la flamme qui l'anime, débarrassée de la matière, retourne au sein de l'esprit pur.

Le double caractère du Capricorne se retrouve dans le dieu Pan qui, en Mythologie, représente le symbolisme de ce signe.

## La légende mythologique de Pan

Alors que le dieu Pan se trouvait sur la rive d'un fleuve, il fut terrorisé par Typhon, l'adversaire traditionnel des dieux. Cette création mythologique représentait la nuit par rapport au jour, l'ombre opposée à la lumière, les instincts mauvais, de tout être partout l'opposition au bien. Voyant Typhon, Pan plongea dans un fleuve; il s'y dissimula, ou plutôt il se métamorphosa et rendit méconnaissable la partie inférieure de son corps.

Du dieu qui a toujours adopté l'allure d'une chèvre, ou d'un bouc, il subsista la tête et l'avant du corps; la partie immergée prit l'apparence d'un animal aquatique. C'est la partie cachée de notre être. Non seulement elle affecte la forme d'un être aquatique, mais elle se couvre d'une coquille.

Nous cachons ce que nous savons être la moins bonne part de nous-mêmes, et nous tenons à la protéger, à l'abri du monde qui nous entoure.

On a dès lors un être à deux aspects, un personnage à deux faces, et l'on pense au dieu Janus des Romains, qui avait deux visages, l'un regardant l'avenir, l'autre le passé, et qui était célébré en janvier, sous le signe du Capricorne.

On peut observer, selon Pierre Mariel, que le nom de Janus peut contenir en lui-même une intéressante signification, en latin Janus signifie « porte » et aurait donné Jean, ce qui paraît être une thèse un peu étrange, mais qui mérite néanmoins d'être examinée.

L'Ecriture sainte mentionne les portes du Ciel et de l'Enfer, ou encore la porte des Dieux et la porte des Hommes. Mais nous devons penser surtout aux deux solstices. Le solstice d'été (24 juin) et le solstice d'hiver (24 décembre). Ces deux jours ne sont-ils pas dédiés à Saint-Jean ? et le Janus des Romains n'était-il pas celui qui ouvrait et qui fermait les portes ?

Janus avait non seulement deux visages, mais aussi deux âges. Son visage d'homme âgé était celui du dieu des origines cosmiques : Ouranos (Ouranos rappelle Johannès, qui est une forme de Jean). Le visage jeune est celui du temps qui détruit et qui, gardien des portes célestes, détient les clefs du passage conduisant vers la lumière. Or, qui est le porteur de lumière, sinon Saint Jean ?

La fête de Janus était, à Rome, célébrée aux deux solstices. La Saint-Jean chrétienne également.

Il existe un autre mythe du Capricorne sous le nom d'Aïgokeros. Il s'agit d'une chèvre magique, appelée aussi Amalthée, qui avait nourri Jupiter, caché par sa mère Rhéa dans une grotte du mont Ida, en Crète. Jupiter, adulte, eut de ses amours avec sa nourrice un fils, Aïgipan, qui aida ensuite son père dans sa lutte contre Saturne et les Titans.

Dans cette mythologie, Saturne était l'un des deux Janus.

Le mythe de Cronos-Saturne est le suivant. Il avait pour mère Géa, la Terre; elle était l'épouse d'Ouranos, le dieu du Ciel, dont la jalousie était absolue. Géa n'avait le droit d'aimer exclusivement que lui. Pour éviter qu'elle s'attache à ses enfants, il les tuait les uns après les autres, au fur et au mesure qu'ils naissaient. Le plus jeune de ces enfants, miraculeusement épargné, décida de tuer ce père dénaturé. C'était Chronos-Saturne. Muni d'une faucille, il massacre son père Ouranos un soir qu'il se rendait chez Géa. Du sang de ce dieu naquirent les Furies, et de sa semence tombée dans la mer mer naquit Aphrodite, que les Latins appelèrent Vénus. Chronos-Saturne prend alors la place de son père comme dieu du ciel. Mais sa mère,

La Chèvre Amalthée, *ou* la Jeune Fille à la chèvre, *par Pierre Julien. Fin du XVIII*$^{e}$ *siècle (musée du Louvre).*

Géa, lui apprend que l'oracle a prédit qu'il serait tué par son fils, comme lui-même avait tué son père.

Saturne épouse alors Rhéa et, chaque fois qu'elle lui donne un enfant, il le dévore. Mais à la naissance de Zeus, Rhéa ruse pour éviter la mort de son dernier-né. Il faut préciser que jusqu'à ce bel enfant, les nouveau-nés étaient tous des monstres. Rhéa emmailote une pierre, pour la présenter à son époux comme étant pe petit Zeus. Elle emmène l'enfant dans une grotte du mont Ida, où il sera allaité par la chèvre magique, ainsi que nous venons de le dire.

Saturne s'enfuit en Italie, où Janus l'accueillit. A eux deux, ils administrèrent si bien le pays, qu'une ère de prospérité s'ensuivit, qu'on appela l'Age d'Or. Cela sembla si merveilleux aux Romains, qu'ils en célébraient chaque année le souvenir des fêtes d'une gaieté et d'une liberté délirantes, les fameuses Saturnales.

### Interprétation du mythe

Lorsque des amours de Jupiter avec sa nourrice Aïgokeros est né Aïgipan, nous voyons la création divine se fondre dans une forme délimitée au lieu de rester dans un infini non précisé. Cette forme, la divinité l'a choisie délibérément, dans le but de répondre à ce qu'attend d'elle son créateur. Dans la tradition chrétienne, il en est de même lorsque le Christ naît : c'est le Verbe, ou création, qui prend forme humaine, uniquement dans le but de définir avec rigueur les volontés divines et de mettre les humains sur la voie de leur réalisation.

Ce personnage à caractère double ressemblait en cela à Janus qui, d'un de ses visages, contemplait le passé dont il gardait le souvenir, et de l'autre, l'avenir, pour lequel il conservait la foi et l'élan de la jeunesse.

Aïgipan aurait pu rester au fond du fleuve, blotti dans son grand coquillage protecteur; mais il serait demeuré statique, isolé de tout savoir. Pour tout connaître et décider de son propre sort, il préfère remonter à la surface et courir des risques. Il est nécessaire d'aimer la vie pour l'accomplir telle qu'elle doit l'être. Fuir n'est jamais une solution.

Saturne est toujours le dieu du destin. C'est aussi le temps, car rien ne s'accomplit sans lui. Le Capricorne, signe intellectuel et fort, entre en lutte contre le destin et contre le temps, pour décider de ce que sera sa propre vie. Le destin ne peut pas être une fatalité inéluctable, il est nécessaire que l'intelligence, puisqu'elle nous a été donnée, ait son mot à dire. Il y aura donc un débat entre le destin et l'intelligence; et l'intelligence choisira parmi les différentes voies proposées par le destin, celle qui lui paraît la plus conforme a ses tendances du moment. C'est exactement ce qui s'appelle le libre arbitre.

Sans intelligence il n'y a pas de libre arbitre, car c'est seulement en pensant et en raisonnant que l'on peut choisir; et sans le destin il n'y aurait pas, non plus, de libre arbitre, car si l'on n'est pas mis devant la nécessité d'un refus, on ne songe jamais à réfléchir sur la voie qui doit être choisie, qui est probablement la meilleure.

Il y a encore une dualité, et le Capricorne, avec la partie supérieure de son corps libre et son arrière-train pris dans le coquillage ou dans une queue de poisson, représente parfaitement l'instant du choix.

On en vient à considérer qu'il n'y a aucun signe zodiacal symbolisant, mieux que ne le fait le Capricorne, le sens et l'utilité de l'Astrologie. Les planètes, le ciel, les astres nous donnent l'image du destin; c'est à nous de l'interpréter et, ensuite d'y réfléchir longuement et intelligemment, pour faire notre choix et décider dans quel cas nous l'acceptons, et dans quels cas nous voulons agir pour l'éviter, le modifier, l'améliorer, bref, en tirer le meilleur parti. Les astres ne donnent aucun ordre; ils nous informent simplement, ce qui est déjà considérable.

## Le rôle de Saturne

Le symbole de l'attitude de Saturne est clair et il est également imprévu. Si le dieu avait voulu lutter contre son propre fils, il aurait toujours regretté son geste; ou bien il l'aurait supprimé, et il l'aurait pleuré toute l'éternité durant; ou bien il aurait été vaincu et c'est son fils qui aurait dû endosser la responsabilité du terrible geste. En décidant de laisser le terrain à Zeus-Jupiter, Chronos-Saturne opte pour la voie de la sagesse; la moins éclatante, peut-être, mais la plus raisonnable, la plus apaisante, la plus utile aussi.

Le destin lui a fait un signe, en lui indiquant quelle tâche quotidienne il pouvait assumer, ce qui rendait sa fuite précieuse, en la transformant en voyage d'études et d'expériences. Dans un tel cas, une attitude négative, faite de revendications et de haine, tendant à supprimer votre successeur, est tellement contraire aux voies normales du destin qu'elle provoque inévitablement des catastrophes et des drames; c'est le « juste retour des choses d'ici-bas ».

La création des fêtes appelées Saturnales avait un sens précis et une utilité qui n'a cessé d'être reconnue. Il y régnait la fantaisie la plus débridée et une licence totale. Ainsi avait-on la possibilité de se défouler et d'éviter que des tendances et des désirs, constamment maintenus dans une étroite surveillance, ligotés et enfermés au fond du « moi », fermentent et risquent d'éclater un jour. Ainsi, le défoulement des passions se produit au moment choisi et dans la mesure où les choses sont possibles sans entraîner de catastrophes privées ou même publiques.

Enfin, il faut remarquer que Saturne avait tenté

d'asservir le destin et de dominer par sa volonté propre le déroulement de la vie. C'est une attitude contre nature qu'il faut à tout prix éviter. En effet, à force d'enrayer les événements prévus par le destin, il se pourrait que l'on n'ait plus aucune possibilité d'agir à un moment où les choses sont réellement graves; ayant épuisé toutes les voies de recours pour d'autres questions, on reste sans moyens lorsque se produit un fait catastrophique contre lequel la lutte est devenue indispensable, mais impossible. Alors c'est la chute, et plus on est monté haut, plus on tombe dûrement. « La roche Tarpéienne est près du Capitole ».

La volonté de vivre ne doit pas s'exercer à tout prix par une liberté totale; il existe de grands impératifs universels auxquels on doit se plier. C'est aussi pour avoir refusé de s'y plier, lorsqu'il dévorait ses enfants, que Chronos-Saturne a vu ce destin s'imposer à lui de manière irrésistible : par la ruse de Rhéa, qui dissimule son fils et le fait passer pour mort, alors qu'il vit et grandit dans la grotte du Mont Ida.

Libre arbitre, indépendance de la volonté, soit, mais non au point de bouleverser des règles immuables. Notre libre arbitre n'a qu'une pensée individuelle. C'est pourquoi, avant de l'exercer, il faut être maître de son destin et de ses répercussions. Ce que l'on appelle un apprenti sorcier est l'individu qui ne sait pas jusqu'où il peut agir; il lui arrive de déclencher des forces qui se développent et entraînent des catastrophes, uniquement par ignorance.

Le type capricornien, grave, réfléchi, et qui prend le temps de peser ses décisions agit en sage.

### Peut-on surmonter son thème astrologique ?

Le problème de la liberté de chacun de nous est ici pesé. On nous parle de déterminisme; c'est-à-dire

*Miniature tirée de la* Khamsè *de Djami. Manuscrit persan du XVI*^e^ *siècle.*

que selon cette thèse, notre existence se déroulerait selon une ligne préétablie, que nous le voulions ou non. Ainsi, chaque génération est différente de la précédente, mais ces différences s'ajouteraient les unes aux autres pour que se modifie l'humanité elle-même. On parle de fatalisme; cela voudrait dire que le sort, le destin, la fatalité, se chargent de tracer notre route et de remettre chacun de nous, plus ou moins brutalement, sur la voie quand il est tenté de s'en écarter. On parle aussi de liberté totale, thèse selon laquelle rien, ni personne, ne pourrait nous empêcher de faire ce que nous voulons individuellement.

Ces thèses ont donné lieu à maintes discussions, et il n'est pas question ici de dire qui est dans le vrai. Personne ne le sait. Mais il y a une attitude à observer et à conserver vis à vis de l'Astrologie. Il n'y a aucune fatalité dans les déclarations faites au sujet d'un horoscope personnel ou dans une étude générale comme celle que nous faisons ici.

L'Astrologie ne « prédit » pas ce que fera le sujet; elle ne lui « annonce » pas à l'avance ce qui lui arrivera. Elle se contente de faire du sujet une étude psychologique, morale, sociologique et de lui indiquer quelles sont les voies qu'il lui sera préférable de suivre pour une existence meilleure, plus calme ou plus conforme à ses goûts, ou pour rendre son entourage plus heureux. Ce sont des indications, des suggestions, des conseils.

On ne peut pas affirmer qu'il n'y a pas, dans une certaine mesure, un déterminisme astral. L'individu, en venant au monde, est conditionné par sa morphologie, son anatomie, son tonus et ses rythmes.

### Le rôle du thème astrologique

On commence à ne plus considérer le thème astral

comme un oracle définitif et comme l'exposé de l'inéluctable fatalité. Une fois que vous avez fait établir votre thème, il y a trois possibilités qui s'offrent à vous.

La première voie que vous pouvez suivre consiste à accepter ce thème et, s'il ne vous plaît pas, de vous y résigner. On vous signale que vous êtes trop introverti, vous ne faites aucun effort pour modifier votre attitude. On vous annonce que, par manque de décision, vous allez laisser passer une belle situation, vous êtes prêt à admettre que ce soit un autre qui obtienne ce poste, puisque vous ne vous sentez pas capable de l'assumer.

Lorsqu'on pense être à ce point influençable, il reste une solution, mise à part la résolution de se corriger, c'est d'ignorer volontairement ce qui vous a été annoncé et d'agir sans tenir aucun compte de l'Astrologie. C'est un peu dommage, parce qu'il y a dans l'Astrologie des indications précieuses.

Alors, il vaut mieux choisir une autre voie. On peut, par exemple, étudier avec attention le thème qui vous a été remis, et se livrer à quelques observations permettant d'en constater l'exactitude; par exemple, concernant le caractère.

On prend réellement conscience de ce que l'on est. A quoi sert de se leurrer ? Les uns ne voient que leurs défauts, pourquoi ne verraient-ils pas également leurs qualités ? Ils deviendraient un peu plus optimistes et reprendraient confiance en eux-mêmes. Les autres ne voient que leurs qualités et certains vont même jusqu'à appeler qualités certains défauts dont ils ne veulent pas se défaire.

Dans cette série sur l'interprétation de votre signe, je me suis efforcée de vous conduire non seulement à vous étudier d'après les indications générales concernant votre signe, mais aussi, quand des défauts bien caractérisés apparaissaient, de vous donner des indications pour vous corriger.

La troisième voie consiste à dépasser son thème. Cela veut dire que, si le thème dénonce trop de complications et trop de responsabilité personnelle dans ces vicissitudes, le sujet devra examiner ce thème avec soin et s'efforcer d'aller justement à contre courant des tendances énoncées. On obtient parfois ainsi des transformations radicales, des naissances de vocations imprévues et des destinées entièrement remaniées. Mais ces évolutions sont difficiles.

## Choisir la liberté

Connaissant votre thème, choisissez alors de vivre libre. Choisir la liberté, c'est prendre le temps d'étudier son thème et le méditer. Puis, ayant bien repéré les points sur lesqueles il est possible d'agir pour éviter que les faits ne soient contraires au déroulement harmonieux de votre existence, il convient de les analyser afin de décider de quelle façon transformer ces obstacles en forces favorables.

Votre thème vous précise vos limites et vous indique dans quelle mesure vous pouvez agir ou vous abstenir. Au moment où l'on se trouve en pleine action, on n'a plus le temps de penser à ce thème et à la manière dont on a décidé de l'interpréter. C'est un travail que chacun de nous doit faire dès qu'il est en possession de son thème; ainsi, il pourra se fixer, par quelques formules lapidaires et imagées, une ligne de conduite dont il ne devra pas dévier, quoi qu'il arrive.

C'est alors seulement que vous vous sentirez libre. Car être vraiment libre, c'est agir sans contrainte et selon l'événement du moment.

**Peut-on faire confiance à l'astrologie ?**

Lorsque un astrologue compétent établit pour vous un thème astrologique, il faut savoir comment vous devez considérer son analyse. Ce travail a-t-il une valeur authentique, ou bien est-il depuis si longtemps admis qu'il a valeur de tradition et même d'archétype et que l'on y accordera foi par usage et un peu malgré soi, parce que depuis plus de deux mille ans on y croit ?

Le phénomène astrologique s'explique de deux façons. La première est basée sur l'astrologie physique ou cosmobiologique, la seconde est symbolique.

Est-ce que les planètes agissent réellement sur chacun de nous ? – demande le public. Et de quelle manière le peuvent-elles, alors qu'elles sont à ce point éloignées de la Terre ?

On n'a pas réussi jusqu'aujourd'hui à prouver qu'il émanait des planètes un rayonnement capable d'avoir une influence sur les êtres vivant à la surface de la Terre. Le Soleil et la Lune seuls semblent avoir une action directe. Cependant, on peut remarquer ceci : il y a des taches qui apparaissent sur le Soleil, à intervalles réguliers. Ces intervalles sont environ de onze ans. Quand paraissent ces taches, il se passe des événements imprévus sur la Terre. Comme on a constaté que cette période était égale au cycle de Jupiter, on a fait des observations dont on a pensé pouvoir conclure que Jupiter avait une influence sur le Soleil; d'où l'origine de ces taches; que celles-ci avaient non seulement une influence sur le comportement des hommes, mais aussi sur les phénomènes géologiques; par exemple, les tremblements de terre.

D'autre part, on a constaté l'existence de rayons cosmiques, et aussi que Vénus, Mars, Jupiter et Saturne agissaient comme des sources de rayons, envoyant vers nous des ondes électro-magnétiques.

Les aspects planétaires ont une action très nette.

L'Horoscope. *Gravure romantique.*

On a noté que certains aspects troublaient la réception des émissions de radio-télévision.

Des observateurs ont pu établir la teneur du sang humain en globules blancs variait en fonction des taches sur le Soleil.

Ces constatations, qui ont un caractère purement scientifique, prouvent avec objectivité que les astres ont une influence sur notre vie.

Le symbole en Astrologie est un processus mental consistant à représenter une réalité externe par une image. Il crée un langage permettant d'exprimer beaucoup plus d'idées que le langage clair. Les peuples de l'ancienne Asie Mineure et les Grecs de l'Antiquité s'exprimaient beaucoup par symboles. Toute la Mythologie grecque est un ensemble de symboles très logiques, très nettement définis, à l'aide desquels pouvait se faire l'éducation philosophique des gens.

Chaque planète est devenu un symbole si riche et si expressif, valable pour un si grand nombre de gens, que cette signification symbolique en a fait un archétype. Les archétypes constituent un immense réservoir d'images interprétées, communes à toutes les populations de civilisation méditerranéenne et occidentale. Chez les Grecs, ce symbolisme s'était exprimé de la façon la plus vaste, par la Mythologie.

*Représentation du ciel. Début du XVIIIe siècle.*

# Chapitre III

## Explication astrologique du signe du Capricorne

Après les mythes se rapportant au dixième signe du Zodiaque, mythes dont le développement était indispensable pour rendre plus clair, par la suite, le sens du signe et son retentissement sur ses natifs, nous devons considérer celui-ci sous l'angle astrologique.

Plus on philosophe sur l'Astrologie, plus on est persuadé de la réalité de l'influence des planètes sur notre existence. En particulier, notons que notre système solaire, loin d'être isolé, ou mieux, disons, indépendant dans l'espace, est sous l'influence attractive d'amas stellaires qui, notamment, l'attirent et le repoussent alternativement ; ce phénomène provoque des ères plus ou moins froides, et ces modifications de la température provoquent des modifications dans la végétation, les climats, le monde animal.

Cela, c'est un fait matériel, constaté ; nul doute à ce sujet. Comment ne pas accepter dès lors que l'Astrologie, qui exprime la même idée sous une forme symbolique, ne soit pas sur une des voies conduisant à la vérité ?

On ne peut qu'admirer cette sorte de prescience, cette divination qui, pour ne pas revêtir les aspects d'une science exacte, veut demeurer aux couleurs de ses symboles et dans l'esprit d'une très antique tradition ? La solution des problèmes posés par les planètes et nos destinées n'est pas acquise. Mais nous pouvons faire confiance à la tradition.

Pour chaque signe, il existe des données générales logiques, qu'il faut rappeler, pour préciser ensuite ce qui, parmi ces généralités, concerne plus spécialement le Capricorne.

Loin d'être une superstition inquiétante qui nous ramène en arrière, l'Astrologie doit être considérée, par les personnes raisonnables, comme une tentative de définir l'individu au sein de la foule, de cerner ses possibilités, de signaler ses carences.

Telle qu'elle se présente dans cette série, elle a davantage l'aspect et le rôle d'une caractérologie que d'un art divinatoire. On a trop laissé triompher un rationalisme excessif au cours des dernières décennies pour que la masse des gens n'éprouve pas le besoin de chercher d'autres voies. On a détaché les gens des croyances qui, autrefois, leur permettaient de se sentir protégés ; on n'a pas remplacé ces guides par une philosophie satisfaisante. C'est parce que l'homme est fait d'ombre et de lumière, que le grand public s'intéresse de plus en plus à une Astrologie de masse.

Mais l'homme est un modèle unique. Il n'y a aucune unité dans un peuple, sinon théorique, il n'y a que des unités individuelles, chaque individu étant absolument différent de tous les autres.

Depuis le début de ce siècle, la science officielle a confirmé le rythme universel ; on sait maintenant que dans la nature, à tous les niveaux, tout n'est que pulsations. Du cœur de l'atome à la masse des étoiles.

Notre organisme suit le rythme de la journée, et nous possédons en nous une horloge biologique interne, liée aux mouvements du Soleil.

## Les planètes et leur influence

Entre les signes du Zodiaque et les planètes, il existe des affinités. Ces affinités sont exprimées par la notion des quatre éléments : Terre, Air, Eau et Feu. Les signes sont en rapport avec les éléments ; les planètes aussi. On comprend alors le sens des affinités.

Considérons les planètes : Soleil, Lune, Mars, Mercure, Jupiter, Vénus, Saturne, Uranus, Neptune et Pluton.

Considérons, d'autre part, les douze signes du Zodiaque : Bélier, Taureau, Gémeaux, Cancer, Lion, Vierge, Balance, Scorpion, Sagittaire, Capricorne, Verseau et Poissons.

Il y a des planètes qui sont en harmonie avec des signes; il y en a d'autres qui ne s'accordent pas. C'est un des problèmes de l'Astrologie actuelle. Ce fut peut-être un problème aussi dans le passé – mais dans le passé, il semble qu'on ait été moins épris de logique et de symétrie qu'aujourd'hui.

L'astrologue praticien, ou le commentateur en Astrologie, peut se demander si une planète donnée est en harmonie avec tel signe donné.

Il existe des affinités entre planètes et éléments d'une part; entre éléments et signes du Zodiaque d'autre part.

Reprenons l'étude des quatre éléments.

On a d'abord le Feu, qui résulte du « chaud » et du « sec ». Il signifie un comportement passionné, volontaire, avec une affectivité énergique. Pas de restrictions ; c'est l'activité avec une psychologie primaire, c'est-à-dire agissant sur la première impression. Le Feu régit les planètes Soleil et Mars, et les signes Bélier, Lion et Sagittaire.

La Terre, qui résulte du « froid » et du « sec », a des réactions lentes et durables. Celui qu'elle influence a une psychologie secondaire, c'est-à-dire qu'il revient sur son passé, qu'il réfléchit avant d'agir. Il est obstiné et travailleur. La Terre régit le Taureau, la Vierge et le Capricorne, et les planètes Saturne et Mercure.

L'Air, qui résulte du « chaud » et de l'« humide », donne des réactions rapides et brèves, adaptation facile, mobilité, peu de décision. L'Air régit les Gémeaux, la Balance, le Verseau, et les planètes Vénus et Jupiter.

L'Eau, qui résulte du « froid » et de l'« humidité », donne une vie intérieure intense, une certaine plasticité psychique (être influençable), un calme apparent. L'Eau régit les signes du Cancer, du Scorpion et des Poissons, ainsi que les planètes Lune et Neptune.

Les planètes, comme les signes du Zodiaque, correspondent à certaines fonctions de notre organisme. Voici comment les correspondances s'expriment en ce qui concerne les signes :

le Bélier correspond à la tête;
le Taureau au cou;
les Gémeaux aux épaules;
le Cancer au plexus;
le Lion au cœur;
la Vierge aux intestins;
la Balance aux reins;
le Scorpion au sexe externe;
le Sagittaire aux hanches;
le Capricorne aux genoux;
le Verseau aux jambes;
les Poissons aux pieds;

Et en ce qui concerne les planètes :

le Soleil représente la vitalité, la fonction cardiaque;

la Lune, les fonctions reproductives féminines, l'assimilation;

Mercure, le système nerveux central;

Vénus, le drainage de l'organisme, la circulation veineuse;

Mars, les réactions d'autodéfense, les muscles;

Jupiter, le foie, le grand sympathique;

Saturne, le vague, l'autoconservation, etc.;

Uranus semble jouer un rôle dans certains troubles nerveux, les indurations et les tumeurs;

Neptune représente la prolifération cellulaire anarchique;

Pluton, les cas d'autodestruction.

Du rapport entre les planètes et signes on tire les informations suviantes : le sujet souffre-t-il d'un organe ? On peut voir à quel signe correspond cet organe ; puis on observe quels sont les aspects

Typus Sympathicus Microcoſmi cum Megacoſmo.

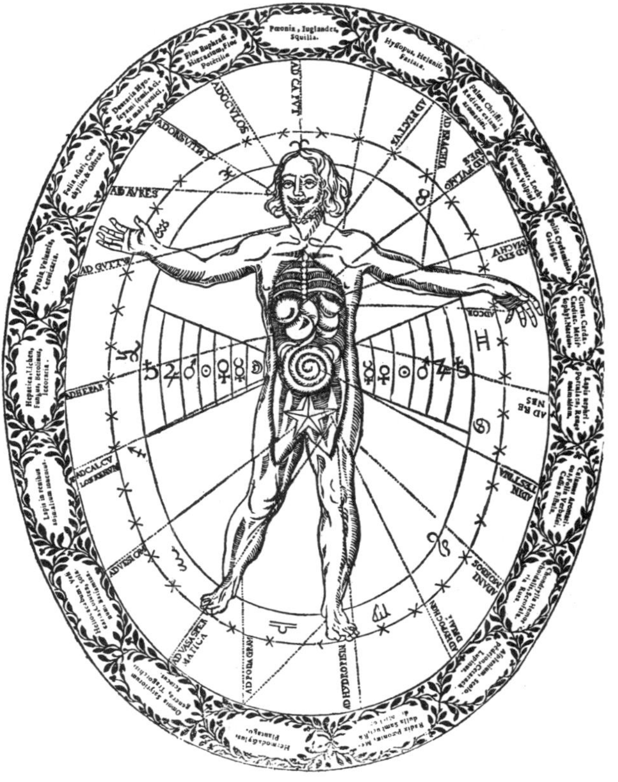


*Les organes du corps dans leurs rapports avec les signes et les planètes. Gravure tirée de* l'Œdipi Aegyptiaci *de Kircher, 1653.*

entre les planètes et le signe où elles se trouvent.

Tenant compte également des Maisons, on peut trouver des correspondances avec les secteurs de la vie. Elles sont au nombre de douze et concernent les secteurs indiqués sommairement ici.

Maison I. La personne même du sujet, ses traits héréditaires, son aspect physique, son caractère au moment de sa naissance, et théoriquement avant d'avoir été marqué par d'autres influences.

Maison II. Le premier contact avec l'environnement du sujet, les choses, les biens matériels, les acquisitions.

Maison III. Les rapports du sujet avec son premier entourage, ses semblables, ce qu'il acquiert pour sa formation personnelle. Ses premières études.

Maison IV. Rapports avec les parents, attachement au foyer en tant que lieu de naissance, lieu d'où provient le sujet, et aux parents, en tant que source de vie du sujet.

Maison V. Les amusements, l'art, les loisirs, et aussi l'amour sexuel. Mais aussi les jeux et les spéculations.

Maison VI. La vie quotidienne faite de travail et de servitudes, même chez les plus libres et les plus indépendants.

Maison VII. Les autres. Tous ceux que le sujet rencontre, tous ceux qui ne sont ni lui-même, ni son univers proche. La société en général.

Maison VIII. Tous les obstacles que rencontre le sujet pour prendre pleinement possession de sa destinée : les adversaires et la mort.

Maison IX. Les relations plus lointaines, les pays étrangers, les idéaux religieux et philosophiques.

Maison X. La situation sociale, le point d'aboutissement des efforts du sujet sur ce point, les honneurs.

Maison XI. Les relations sociales, les amis, les personnalités qui se révèlent protectrices.

Maison XII. Le mystère que chacun de nous cache en soi : les secrets, mais aussi les regrets, les remords, même inavoués et enfouis au plus profond de l'être, parfois méconnus et parfois oubliés.

## Les planètes dans les Maisons

Nous avons vu ce que l'on appelle les Maisons. Or, lorsqu'on trace un thème, on y représente les douze signes et les douze Maisons. Les planètes sont ensuite mises à leur place. Elles peuvent donc se trouver dans des Maisons.

Comme chaque Maison représente un secteur de la vie du sujet, les planètes qui s'y trouvent agissent selon leur mode propre sur ce secteur de la vie. Prenons, par exemple, la Maison II, celle qui concerne les biens acquis par le sujet. Si l'on y trouve Jupiter, planète qui a tendance à favoriser, on aura une chance effective dans toutes les affaires financières. Mais il y a des affinités entre Maisons et planètes ; par exemple, Vénus, qui agit sur l'affectivité du sujet, sera plus influente en Maison V (les plaisirs, les amours) qu'en Maison XII (les épreuves).

## La situation du Capricorne

En ce qui concerne le signe du Capricorne, nous possédons déjà quelques informations sur ses particularités et nous savons par conséquent quelles sont ses affinités et les positions qui sont plus favorables que les autres.

C'est un signe de Terre ; nous savons donc que les natifs de ce signe ont une psychologie du type secondaire, qu'ils sont des nerveux, que Saturne régit leur signe, et aussi Mercure, ce qui donne déjà des indications sur leur psychologie et leur style de vie.

Puisque toutes les planètes ont la possibilité de se trouver dans ce signe, voyons pour chacune ce qu'elle indique et dans quel esprit on examine sa position.

## Le Soleil

C'est la planète qui a le plus d'influence sur la vie humaine. Le Soleil représente, chez l'homme, le cœur. Sur le plan moral, le plus élevé ; sur le plan social, la réussite; sur le plan psychologique, un secondaire, en qui extraversion et introversion s'équilibrent.

La position du Soleil dans ce signe indique comment le sujet s'insère dans la vie sociale et professionnelle. Elle permet de définir son objectivité, sa moralité. Ses aspects avec la Lune agissent sur ses rapports avec les femmes. Avec Mars, en harmonie, ils accentuent sa virilité, en dissonance, ils la diminuent ; avec Jupiter ils permettent de définir son ambition ; avec Saturne, ils le stabilisent ; avec Uranus, ils le personnalisent ; avec Neptune, ils le rendent idéaliste ; avec Pluton, ils stimulent sa volonté ou l'angoissent.

## La Lune

La Lune, simple satellite de la Terre, ne devrait pas, en principe, être considérée comme une planète. Mais si proche de la Terre, elle y a une grande influence sur l'humanité. Elle a même une forte influence sur les mers et sur les océans et, c'est moins connu, sur les plantes. Personne, dans la campagne, ne plante, ne taille, ne récolte, sans considérer les phases de la Lune. En raison de son importance, la Lune figure ici comme une planète et devient l'égale du Soleil. Elle s'oppose, d'ailleurs, à l'astre du jour, car elle est féminine, passive, affective. Le Soleil est considéré, au contraire, comme actif, émetteur, énergétique.

En Astrologie, la Lune régit dans l'être humain l'inconscient, ce qui est involontaire, ce qui est

*Carte d'un jeu de tarot.*

3 Droit
PROPOS
Droit 3
LES PLANTES
LES PLANTES
3 Renversé
EAU
Renversé 3

cyclique, ce qui participe directement de la vie organique, qui ne s'arrête jamais et se poursuit même quand nous dormons.

La Lune influe sur les rêves, l'imagination, la mémoire et elle facilite certaines facultés, comme l'adaptabilité, et surtout les habitudes à peu près inconscientes.

L'être qui se trouve placé sous la domination de la Lune est un rêveur, à la peau très claire, ni dorée, ni rosée.

Il est sous l'influence de l'élément Eau, et son comportement, en conséquence, est plutôt du style féminin. C'est un personnage qui n'aime pas la lutte ouverte et qui préfèrera toujours un moyen moins direct d'arriver à ses fins. La présence de la Lune dans un thème souligne les capacités imaginatives du sujet, sa sensibilité et la faiblesse de sa volonté. Elle indique émotivité, intense vie intérieure, introspection, introversion, et parfois égocentrisme.

Le sujet a de grandes affinités avec la foule, il en saisit parfaitement et intuitivement les mouvements et l'humeur. Il conserve un côté poétique, enfantin, indiquant un évident besoin d'être protégé.

Dans un thème individuel, on considère la Lune comme indiquant les attitudes du sujet dans sa vie intérieure, les reliquats de son enfance, ses rapports avec sa famille et son épanouissement intérieur.

Dans un thème d'homme, la Lune exprime de quelle façon il vit ses rapports avec les femmes. Dans les thèmes féminins, comment le sujet vit sa carrière de femme.

Dans le Capricorne, la Lune est en exil ; on dit aussi en débilité ; cela veut dire que ses caractéristiques ne s'accordent pas avec la note générale du signe. Sa présence crée une dissonance. Elle n'a pas une influence favorable sur les natifs du signe ; elle appauvrit leur instinct, en réduit l'efficacité, refoule leur sensibilité, la diminue. De certaines femmes, elle fait des personnages politiques.

## Mercure

Planète rapide, Mercure donne à ceux qu'elle influence une allure jeune, agile, déliée, mince, avec un visage triangulaire typique. Elle leur apporte une vivacité accrue, mais peu de force musculaire. Sous l'influence de Mercure, le sujet a un tempérament nerveux ; il est soumis intégralement à ses émotions, même les plus légères ; il est primaire dans sa psychologie, peu sentimental, surtout cérébral. Très adaptable, il est prêt à recevoir d'autres influences. C'est un être qui a de la peine à se fixer, le changement est son élément !

Il adore les contacts humains, parle bien et volontiers, sait être très aimable et agréable avec le sexe opposé, mais n'engage pas son cœur.

Mercure est la représentation astrale du mécanisme mental. C'est par la présence de Mercure que le sujet sera en mesure de tirer le meilleur parti de son intelligence, quel qu'en soit le niveau. C'est une planète qui favorise l'adaptation du sujet au monde extérieur qu'il ne perçoit ni par ses sens, ni par ses sentiments ou son instinct, mais par le raisonnement.

Lorsqu'il est présent dans le ciel d'un natif du Capricorne, Mercure fait prévaloir chez le sujet une intelligence objective, un esprit logique, un jugement sérieux et avisé. Cette planète pousse le sujet à la recherche des structures dans les systèmes qu'il contacte, à désirer retrouver les causes profondes des faits, à poursuivre des objectifs à longue portée.

Sa position la plus favorable est dans la Maison III.

### Vénus

Celui qui se trouve sous l'influence dominante de Vénus est sensible et affectueux. Pour lui, tout commence par des sensations. Quand les autres comprennent, il ressent ; quand les autres réfléchissent, il éprouve ; quand les autres observent, il aime ou il déteste. Il ne peut pas être objectif. Mais il a une immense capacité d'amour.

La planète Vénus est en affinité avec l'Air et avec ce qui est chaud et humide.

Un vénusien a généralement les traits réguliers, élégants, une structure à caractère dilaté, arrondie, comme un lunaire, mais moins marqué.

Il manque de dynamisme ; l'effort physique ne lui convient pas. Il ne choisira pas une profession exigeant de l'énergie, de la volonté, de la force physique. Il préférera à la fois le contact avec le public, donc probablement un commerce, et une occupation ayant un rapport avec ce qui est beau, élégant, plaisant. C'est un être qui a en général de la chance, comme tous les êtres sociables, car ils attirent la sympathie.

L'aspect de Vénus dans le thème individuel renseigne sur le degré d'affectivité du sujet, sur ses besoins amoureux, sur le sens de ses tendances sentimentales. Dans le signe du Capricorne, la planète est mal aspectée. Elle y refroidit la sensibilité au lieu de l'accentuer, elle pousse à l'introversion et reste soumise à l'influence dominante de Saturne.

### Mars

C'est une planète très virile, forte, et qui accentue l'agressivité chez le sujet qu'elle influence.

Cette agressivité n'est pas ici péjorative, elle est la source des activités nettement marquées, des regains d'énergie, des poussées d'ambition, de l'esprit de compétition. Cette agressivité inspirée par Mars peut s'exercer contre les choses, contre les faits, contre les circonstances, mais aussi contre le sujet lui-même, s'il n'est pas en paix. Elle aide le sujet à se tirer des passes difficiles, à franchir des obstacles, à s'activer pour aller plus vite que le concurrent, à défendre ses droits. Même dans les carrières sans rapport avec quelque combat que ce soit, l'agressivité est utile pour écarter les rivaux, pour conquérir un marché, pour discuter de ses droits et les faire respecter.

La présence de la planète Mars dans un thème assure généralement une grande activité, de l'énergie, le goût de l'action, l'impulsivité et le désir de conquête, qu'il s'agisse de marché, d'avancement, d'invention.

Le sujet entièrement influencé par Mars est un individu musclé, au tempérament bilieux, avec un visage aux traits accentués, au regard perçant. Les natifs du Bélier sont des martiens.

Les réactions du martien sont primaires, spontanées, directes, franches. C'est un individu ardent, actif. Il est réaliste et préfère la quantité à la qualité.

L'observation de la position de Mars détermine l'énergie disponible chez le sujet, la combativité, la tension, la contestation, l'impulsion dynamique ; les désirs violents, les haines, les élans amoureux et les rivalités.

Selon la position de la planète, on définira le domaine où la planète agira le plus.

Par ses aspects avec Jupiter, Mars se voit doté d'une vitalité et d'une force accrues ; il peut provoquer une tendance à l'emportement, à la témérité ; en présence de Saturne, il peut aider le sujet à faire face à ses responsabilités, mais, mal aspecté, il peut l'entraîner à se laisser écraser par elles. En présence d'Uranus, le sujet devient survolté, mais si les planètes sont en mauvais aspect, cela peut aller au-delà de toute mesure ; Mars, en présence de Neptune, incite à trouver des bases idéologiques pour se justifier, mais, mal aspecté,

DE EFFECTV
SEPTEM PLA
NETARVM.
Auec priuilegie du Roy 1608
M. de Vos inu.

il entraîne le sujet à s'empêtrer dans des utopies ; en présence de Pluton, ce sera soit l'heureuse métamorphose, soit l'autodestruction.

Mars, planète qui est régie par le Feu, est en exaltation dans le Capricorne. Cette planète apporte au sujet un caractère ferme, parfois dur, constructif, endurci par les luttes diverses ; la volonté du natif s'affirme et se manifeste dans un goût pour les grandes entreprises et les actions à longue portée.

## Jupiter

Cette grande planète, très brillante, apporte toujours, par sa présence dans un thème individuel, des éléments bénéfiques et l'annonce d'un sort favorisé. Régi par l'Air, Jupiter crée des types dilatés. Ils ont le buste large, une vaste poitrine ; le visage est beau, mais rarement fin. Un jupitérien est extraverti, avec une grande facilité de contact ; il se fait de nombreuses relations ; il aime s'occuper des intérêts publics. Psychologiquement, c'est un primaire, c'est-à-dire qu'il obéit à son premier mouvement. Il ne pèse pas longtemps ses décisions.

Socialement, il est conformiste et plutôt conservateur. Il estime généralement les institutions bonnes et utiles et y trouve souvent sa situation.

On examine la position de Jupiter dans le thème astral aux points de vue suivants.

D'abord, pour estimer les possibilités d'expansion du sujet dans la mesure où elles sont liées à son optimisme, à son esprit social et conformiste, à son respect de l'ordre, son équité, sa bienveillance habituelle, la facilité qu'il a de s'intégrer à la vie, d'entrer dans le « système ».

Et aussi, pour définir dans quel domaine il trouvera son profit, dans lequel il aura toutes ses chances et où il s'épanouira.

---

Traité d'astronomie *du début du XVII*^e^ *siècle.*
*Frontispice gravé d'après Martin de Vos.*

Étant donné ce que nous savons de Jupiter, sa meilleure place est dans la Maison X.

S'il est en harmonie avec Saturne, on peut prévoir un succès certain et durable ; mais s'il est en dissonance, cela peut devenir un esprit excessivement conservateur, sclérosé et stérile.

Les caractéristiques de Jupiter ne correspondent pas aux particularités des natifs du Capricorne ; dans ce signe, Jupiter est en chute, ce qui veut dire qu'il y perd la plupart de ses effets bénéfiques. S'il pousse le natif vers de grandes ambitions sociales, il peut dépasser ses propres vues et donner dans des excès qui peuvent lui être fatals.

### Saturne

Saturne, c'est Chronos, et Chronos, c'est le temps. Saturne est ce qui dure, ce qui va lentement.

On a longtemps considéré cette planète comme maléfique parce qu'elle ne semble pas favoriser les joies de la vie qu'apprécie le commun des mortels. Mais de nos jours la philosophie a évolué, et nul n'accepterait de dire que telle influence est toute bonne ou toute mauvaise. Il existe des circonstances telles qu'une influence généralement considérée comme bonne devienne néfaste et d'autres qui rendent très intéressantes des influences que l'on considérait comme mauvaises. Saturne, longtemps victime d'une sorte d'ostracisme, est reconnu aujourd'hui comme une planète qui porte en elle la notion de la durée ; mais la vie moderne nous incite à souhaiter parfois un frein, un ralentissement.

Sous son influence s'opèrent les grandes épreuves et les séparations. Mais ces épreuves, lorsqu'elles sont bien acceptées, peuvent apporter beaucoup de bien.

Saturne est la planète dominante du Capricorne. On dit qu'elle y a son « domicile ».

*Saturne. Bois gravé du XV^e siècle.*

Elle apporte la concentration de la pensée qui permet de concevoir des projets grands ou complexes et de les étudier avec logique et intelligence ; elle apporte aussi le dépouillement, et les natifs du signe ne sont pas de ceux qui apprécient un décor luxueux, des vêtements à la mode, des loisirs conformes au goût du jour.

Dans le thème astral, Saturne, par sa position, explique dans quelle mesure se manifesteront, chez le sujet, l'avidité, l'instinct de conservation et le désir de possession. C'est aussi Saturne qui, par ses aspects par rapport aux autres planètes, indiquera les éventuelles inhibitions, les regrets que manifestera le sujet.

Dans le cas où le sujet n'a pas encore choisi sa voie, Saturne peut permettre de prévoir dans quel domaine ses qualités de force morale et de domination de soi pourront aider à sa réussite. La présence d'Uranus peut faciliter les choses dans cet ordre d'idées, tandis que Neptune risque d'inciter au découragement.

## Uranus

Uranus a été découvert il n'y a pas longtemps ; un peu avant la Révolution Française de 1789. Dès lors, le monde s'est mis à changer très rapidement et d'une manière très profonde. Les découvertes techniques et scientifiques se sont succédé très rapidement.

Uranus, c'est l'Ouranos des Grecs, qui gouvernait le chaos. La découverte de la planète Uranus a-t-elle amené le chaos, comme le disent certains auteurs, ou bien a-t-elle entraîné les transformations rapides dont nous souffrons, afin d'organiser le chaos dans lequel nous avons vécu depuis la création du monde.

Le sujet placé sous la domination de la planète Uranus est généralement un technocrate, s'il a pu réussir à développer toutes ses qualités personnelles et accomplir toutes les études auxquelles son intelligence pouvait lui donner accès.

Il est dominé par un rationalisme net et sans bavures, il met toute sa confiance aveuglément dans le progrès, même si, en l'état actuel des choses, le progrès semble plutôt fauteur de maint et maint désordre. L'uranien fait confiance à l'avenir pour que l'ordre revienne, et qu'il remplace ce que l'on prenait pour tel et qui n'était qu'un état précaire et provisoire d'incompréhension et de barbarie.

Sur le plan de son avenir personnel, l'uranien est disposé à renoncer à bien des valeurs estimées par la majorité des gens, mais qu'il considère comme non essentielles, uniquement dans le but de réussir plus vite et mieux dans le domaine qu'il a choisi.

Il pourrait être considéré comme un arriviste, si ce terme ne contenait pas un élément péjoratif ; il veut arriver, mais il ne va pas, pour cela, malmener les gens en place. La suite de son thème peut expliquer par quels moyens il a le plus de chance de satisfaire ses ambitions légitimes.

### Neptune

De découverte très récente, puisqu'elle est apparue dans les téléscopes en 1846, Neptune n'a pas encore été aussi bien étudiée que les autres planètes du système solaire.

L'être qui est sous la domination de Neptune est, en général, très réceptif au milieu ambiant ; il a peu de volonté et se laisse conduire par les grands courants collectifs ; il est comme perdu dans la foule, diamétralement opposé à Uranus, qui est très individualiste. Le neptunien ne se soucie pas de rationalisme, au contraire, il est très irrationnel ; il est hypersensible et il sent, ou même pressent les choses plus qu'il ne les constate ou les déduit. Il ne rêve qu'à une fusion de l'ensemble de l'humanité en un seul et même peuple fraternel.

Morphologiquement, c'est un lunaire exagéré. Mais cela ne peut pas être pris à la lettre, car il possède également des caractères souvent réservés aux sujets placés sous l'influence dominante de Jupiter. Mais il est fondamentalement rêveur et utopiste. Cela s'inscrit sur ses traits, remarquables par de très grands yeux souvent plongés dans un rêve lointain, un teint pâle, des mouvements lents et fluides.

C'est un émotif non actif, de psychologie primaire, car il cède volontiers à sa première impression, et même à sa première intuition.

On étudie Neptune dans le thème individuel, en vue de tenter de délimiter la part de rêve et d'utopie dans les projets du sujet, pour expliquer les instants de vague à l'âme, de nostalgie inexpliquée, mais aussi pour mettre en valeur l'idéalisme de chacun, et surtout pour tenter de définir dans quelle proportion cet idéalisme envahit les raisonnements du sujet et ses activités.

S'il est bien aspecté avec le Soleil, Neptune peut indiquer une aspiration du sujet à se transcender pour accéder à un mysticisme supérieur, trouver sa voie vers le divin et bénéficier d'une inspiration souveraine.

Mal aspecté, Neptune peut conduire ces tendances à dégénérer en chaos, un chaos qui envahit l'âme et peut nuire à l'intelligence. Il peut y avoir des désillusions disproportionnées avec les aspirations légitimes, des erreurs sur le plan affectif conduisant à des renoncements et au désespoir inspirateur de débauche, d'anomalies diverses et à une autodestruction involontaire et même parfois inconsciente.

Neptune, on le devine, est régi par l'Eau.

On sent parfaitement qu'il n'a pas d'affinités avec le Capricorne et que s'il se trouve dans le thème d'un natif de ce signe, sa présence ne peut pas être considérée comme un élément favorable; elle risque de perturber la logique nécessaire à la bonne harmonie psychique du sujet.

## Pluton

Pluton, d'après la mythologie, enleva Proserpine, la fille de Déméter, elle-même déesse des moissons, et la végétation refusa de pousser tant que la jeune fille ne serait pas rendue à sa mère ; mais Proserpine s'étant habituée à vivre avec Pluton, elle ne consentit à revenir que pour la moitié de l'année, la moitié au cours de laquelle tout se met à pousser, à fleurir et à mûrir très vite. En Grèce, du moins...

Pluton est régi par le Feu et par l'Eau. Cette dualité rend plus difficile l'interprétation de son influence dans le thème personnel.

Dans le thème du natif du Capricorne, la présence de Pluton pourrait signifier que le sujet a tendance à s'imposer par la force. S'il est introverti au point de refouler son agressivité, il peut éprouver des angoisses qu'il croit inexplicables et qui viennent de cette situation contradictoire.

Si la planète est mal aspectée, cela peut même conduire à des crises morales. Bien aspecté, Pluton permet de canaliser, logiquement et méthodiquement, toutes les énergies subconscientes et de les diriger vers le but poursuivit. Malheureusement, un rationaliste, tel qu'est généralement le natif du Capricorne, ne tient guère compte de ce qui appartient au subconscient et néglige les avertissements et les directives de Pluton. Il perd ainsi une bonne occasion de progresser dans la voie qu'il a choisie.

Catalogue des étoiles, *de Abd al-Rahman al-Sufi. Manuscrit arabe du XV^e^ siècle.*

# Deuxième partie

*Le mois de janvier*. Calendrier des bergers, *XV$^{e}$ siècle*.

# Chapitre I

# Portrait des natifs du signe du Capricorne

« Plus on aime quelqu'un,
moins il faut qu'on le flatte. »
MOLIÈRE. *Le Misanthrope*.

Les natifs du signe du Capricorne sont des gens assez étonnants. Tout, dans leur signe, indique un caractère froid, conventionnel, calme et sobre de mouvements et de paroles, et la réalité paraît toute différente.

Y aurait-il un problème du Capricorne ? Ce n'est pas impossible. Avec Saturne pour planète dominante, on peut s'attendre à bien des surprises.

En effet, le natif du Capricorne est un saturnien; nous venons de constater dans l'explication astrologique du signe que Saturne a son domicile dans le Capricorne, donc le natif de ce signe est fortement marqué par cette planète. Nous avons vu également quels traits de caractère apporte au natif du signe la présence dominante de Saturne.

### Un être naturel

Ce qui caractérise, dès le premier abord, le natif du Capricorne, c'est son naturel. Il ne feint pas. Et comme on n'a pas l'habitude de rencontrer des gens purement et simplement naturels, on est décontenancé. Alors, et parce que les clichés, les poncifs, les phrases toutes faites n'ont plus cours, on hésite et on ne déchiffre plus rien de la personnalité de cet interlocuteur.

Au premier chef, le Capricorne est né dans une période de froid maximum, ou peu s'en faut, en tout cas une période où la nature s'est tue, s'est immobilisée, pour laisser passer le gel. Il semble que, psychologiquement, il subisse l'influence de la saison de sa naissance. C'est un être qui ne fait ni remous, ni éclats, dans les conditions normales d'une rencontre qui est la première ou peu s'en faut. On vous le présente, ou il se présente lui-même, et tout est dit en ce qui le concerne.

Si vous êtes de ceux qui insistent pour mieux connaître un éventuel ami, si vous êtes un natif de la Balance ou du Lion, de ces gens qui sont avant tout sociables et liants, vous serez tenté de poser des questions au Capricorne. Alors, il sourira aimablement, vous regardera avec une grande amitié, et dira simplement : vous voulez tout savoir sur moi, alors je vais tout vous dire.

C'est ainsi qu'un Capricorne est naturel. Il n'a pas de détours, il n'a aucune ruse, pas de malice et pourquoi ? Parce que les ruses, les détours, ça ne l'intéresse pas.

On se plaît à dire que le Capricorne est l'homme simple, dépouillé, comme l'enfant dans la crèche de Bethléem. Si des Capricornes me lisent, je les prie de ne pas sourire. Evidemment, la comparaison est curieuse, mais la plupart des cas elle est justifiée.

Le Capricorne est dépouillé parce qu'il refuse la ruse, la malice et les méandres des hypocrisies de salon. Il semble toujours avoir omis de se parer. Pourtant, il porte cravate si l'usage le veut, et chevalière au doigt, s'il en a une. Mais socialement et psychologiquement, la simplicité de son langage et de ses manières est évidente.

En fait, il n'occupe strictement que l'espace qui lui est nécessaire, il fait peu de gestes, et n'élève jamais la voix. Ne désirant pas échanger des propos futiles et inutiles, il parle peu et seulement si on l'interroge. Mais aucune sévérité n'apparaît en lui, et son sourire est net autant qu'il est sincère.

On a l'impression que le froid caractéristique de la saison dans laquelle il est né l'habite définitivement et provoque en lui une rétractation, une sorte de gel. Il semble qu'il refuse de s'extérioriser comme, au cours des jours les plus froids, on refuse de sortir de sa maison.

Comment, Capricorne, arrivez-vous à un silence d'une telle densité ? Ce qu'il faut d'amour et d'affection pour vous faire parler !

**Une étrange solitude**

Le chemin du Capricorne semble tout tracé; il apparaît avec évidence qu'il n'espère ni ne désire aucunement tenir une grande place dans la vie publique, ni qu'il veuille se faire connaître par des discours, des actions ou des écrits. Il entend préserver sa vie privée.

Comme il ne désire pas accumuler plus de biens qu'il n'en a besoin pour vivre, et faire vivre sa famille, il peut limiter son action et surtout ne pas s'éparpiller. Il choisit donc généralement une voie unique, dans une spécialité, où il utilisera ses dons et son savoir.

Pour un Capricorne fatigué, le seul moyen de récupérer des forces est de rester immobile et muet.

A force de considérer comme inutiles les questions qu'on lui pose sur lui-même, parce que sincèrement il ne pense pas être un sujet de haut intérêt, le Capricorne construit inconsciemment autour de sa personne des défenses, des barrières, des remparts, pour qu'on ne lui adresse pas la parole sur des sujets superficiels et futiles.

Pourtant, le Capricorne n'est pas un être indifférent. Le plus souvent, son absence d'émotivité cache sa

crainte des émotions. Il a pu, au cours de son enfance, être aussi émotif que les autres, mais il s'est aperçu que les élans passionnels conduisaient souvent à une duperie. Alors, portant avec logique le remède au cœur du mal, il a décidé de tempérer ses passions.

Comme on ne peut pas supprimer de tels élans, parce qu'ils répondent à des sollicitations très nettes, il les enfouit en lui-même. Plus simplement, disons qu'il est aussi émotif que les autres, mais qu'il s'en cache.

## Maître de soi

Cette absence de manifestation émotionnelle amène une fixité dans les traits et un air d'indifférence qui rend généralement le Capricorne peu attirant.

Il perd en sympathie, en élan, en chaleur, en spontanéité, ce qu'il gagne en calme et maîtrise de soi. Il se revêt d'une sérénité qui ne s'étonne ni des événements extérieurs, ni des activités d'autrui ; une sérénité qui lui permet de surmonter bien des crises et éventuellement d'étonner ses ennemis.

Cette disposition qui lui évite de se laisser intimider, impressionner, terroriser, lui donne une grande supériorité sur les gens émotifs qui crient, tremblent et pleurent devant l'imminence d'un danger. Le Capricorne reste maître de lui.

Il arrive que le Capricorne atteigne très tôt cette maîtrise de soi et que, devant son jeune âge, cette froideur étonne les autres ; alors, et pour éviter ces remarques qui le contrarient, il juxtapose à son masque froid une apparence de sourire, un air de chaleur, une expression sympathique qui, bien souvent, leurrent les autres. Voilà notre Capricorne redevenu gai, symphatique, souriant ; mais ces apparences d'émotion n'ont aucun lien avec ce qu'il éprouve réellement.

Si, dans son thème, Saturne est mal placé, cette

---

*Silence et solitude...*

attitude peut conduire à une réelle solitude morale, un pessimisme certain et une grande mélancolie.

### Ferme comme un roc

Le Capricorne est volontairement un être froid. On convient qu'il soit froid, puisqu'il est le troisième des signes de Terre.

Le Capricorne est nerveux, ferme et dominé par sa propre volonté ; il est donc dur. Il a une puissante capacité de résister à des conditions de vie extrêmement difficiles. Nous avons connu pendant les terribles années « quarante », des Capricornes déportés à cause de leur activité dans la Résistance, qui ont subi leur captivité et toutes ses humiliations, ses brimades, ses impératifs cruels et sa longueur désespérante, avec une impassibilité qui a frappé leurs codétenus. Quand les autres formulaient un espoir, ils n'écoutaient que pour montrer l'inanité et le danger de ces propos. Les autres, stupéfaits, ne sachant que penser, finissaient par masquer leurs sentiments devant ces Capricornes, entêtés à vivre autant que les autres et parfois capables de s'évader à la première occasion.

De son attitude dure et froide, le Capricorne retire un sang-froid absolument indémontable.

Un Capricorne n'entreprendra pas une action dangereuse sans y avoir longuement réfléchi. Là, où un Bélier se jettera avec fougue et passion dans le danger, et prendra avec un magnifique courage les plus grands risques, un Capricorne ira lentement, calmement, presque avec indifférence. Un Capricorne pilote d'essai m'a dit un jour :

– Naturellement, un pilote d'essai connaît bien les risques qu'il prend; mais il fait tout ce qu'il faut pour les supprimer. Les vérifications, les précautions, l'allure d'abord expectative, puis plus audacieuse, parce qu'il faut aller au terme de l'essai et faire donner

*Les savants du ciel. Allemagne, XVIIIe siècle.*

à la machine tout ce qu'elle peut, sont toujours inspirées par le désir de « ramener » l'appareil. On ne va pas délibérement se « casser la figure » pour faire croire qu'on est un être exceptionnel ! Cela, ce serait le geste d'un fou. Un pilote d'essai est un type raisonnable, qui sait ce qu'il fait.

## Un être actif

Le Capricorne montre, on vient de le voir, un caractère exceptionnel, ses actes exigeant du courage, de la ténacité, de la patience, une vue froide des choses, du sang-froid, des capacités professionnelles lui permettant de mettre en mouvement les plus grandes de ses qualités et de montrer, qu'il le veuille ou non, sa supériorité sur les autres types psychologiques.

Sans qu'il ait à se manifester dans des périodes où les événements mettent tout le monde à l'épreuve et presque toutes les âmes à nu, il peut aussi faire preuve de grandes capacités dans la vie courante, par exemple, dans sa profession.

Mais il est des cas où ce type de caractère n'a pas lieu de se manifester, dans l'inaction, dans une situation où rien ne dépend plus de lui et où personne ne lui demande rien. C'est ainsi, par exemple, qu'un Capricorne réduit, malgré tous ses efforts, à un chômage total, perd la plupart de ses qualités. L'effort qu'il doit faire pour trouver quelque ruse lui permettant de récolter un peu d'argent pour survivre lui est très pénible.

Il en est de même dans le cas d'un Capricorne qui reste inactif pour des motifs de santé.

### Portrait physique du Capricorne

Logiquement, le Capricorne devrait avoir une certaine ressemblance avec la chèvre. Ce type existe ; on cite volontiers le roi de France, Henri IV, qui était un pur Capricorne. Mais nous verrons plus loin qu'il n'y a pas que de purs Capricorne. Il y a beaucoup plus de types mixtes. Or, entre ces types mixtes, il y a des traits qui les rendent solidaires.

Tous ont le physique des « saturniens ». C'est-à-dire que, dans le cas du Capricorne, l'influence du symbole du signe n'est pas aussi nette que celle de la planète dominante du signe. Cette planète, nous l'avons vu, c'est Saturne.

On se trouve généralement devant un tempérament nerveux, froid et sec. Le Capricorne est généralement long, mince et même maigre. Le visage a les traits particulièrement accentués, burinés, avec des lèvres minces, serrées, sur une bouche volontaire et close.

La démarche est régulière, lente, ferme et constante, comparable à celle du montagnard. Pas de précipitation mais, en définitive, une certaine rapidité.

L'abord est simple, mais le Capricorne oublie parfois de sourire et il peut apparaître bourru et parfois hostile. En tous cas, c'est un visage froid, indifférent et fermé qu'il oppose aux interlocuteurs.

La voix est bien posée, plutôt grave, et l'élocution est régulière et lente.

# Chapitre II

# Le destin des natifs du Capricorne

« C'est une chose admirable que
tous les grands hommes ont toujours
du caprice, quelque petit grain de folie
mêlé à leur science. »
MOLIÈRE. *Le Médecin malgré lui.*

Après avoir étudié le sens du signe zodiacal du Capricorne et avoir tenté de définir le type des natifs de ce signe, le moment est venu de prendre en considération les voies que doit suivre un Capricorne pour avoir un maximum de chances de réussir dans la vie.

Un important élément à considérer, avec les capacités intellectuelles et morales, c'est la santé. Commençons donc par elle.

## La santé du Capricorne

Nous avons tenté de faire un portrait psychologique et, en partie, physique du Capricorne. En considérant le destin qui est le sien, plusieurs éléments doivent retenir notre attention, parmi lesquels, au premier rang : la santé.

Si, dans une certaine mesure, on peut veiller à se maintenir en bonne santé, il n'en demeure pas moins que dès la naissance, chaque être est doué d'une constitution avec laquelle il doit faire bon ménage. Cette constitution se trouve en rapport direct avec la planète domiciliée dans le signe, c'est-à-dire la planète qui a la plus forte influence sur les natifs du signe, avec l'élément auquel appartient ce dernier, et parfois avec la disposition des Maisons.

Le retentissement sur la santé du sujet n'est pas évident, mais il est pourtant bien réel. Le natif du Capricorne ne sera généralement pas un sujet pléthorique; il sera plutôt d'une constitution restrictive : teint pâle, traits accentués, lèvres minces, peu de mouvements, peu de bruit. Mais Saturne, ne l'oublions pas, ce fut autrefois Chronos et Janus ; ce fut celui qui créa l'âge d'or, que les Romains célébraient dans les Saturnales. Cela peut apporter au natif de ce signe la tentation des excès sporadiques, tel jour, à telle occasion, on « fera la fête ». Il y a là un risque de maladie.

La poignée de main est nette, mais brève.

C'est en toutes choses un individu désireux de marquer qu'il ne souhaite pas perdre de temps en futilités.

Bien entendu, ce portrait est théorique et chaque Capricorne ne présente généralement que certains des traits indiqués. Toutefois, un œil exercé peut reconnaître extérieurement une personne née sous ce signe.

Un signe de Terre apporte à ses natifs un tempérament nerveux. Toutes les fonctions de son organisme sont sous l'influence des nerfs, donc, dans une certaine mesure, du psychisme. La vie cérébrale a, chez lui, une grande importance.

Néanmoins sa santé n'est pas fragile. Le Capricorne est un nerveux solide et ferme. Son physique, d'ailleurs, n'est pas frêle, comme on le voit parfois chez un Gémeaux, ou une Vierge. Il n'est pas gros, mais il est solide. Sa particularité est une certaine immobilité. Il paraît doué de toute la patience possible, ainsi économise-t-il ses forces.

Cela jusqu'à la « Saturnale ». Car un Carpricorne peut éprouver le besoin de se détendre follement, joyeusement; puis, il reprend sa nature patiente.

Lorsque l'équilibre de sa santé se rompt, le natif du Capricorne n'en fait pas état. Il n'attire pas l'attention sur ce fait. Il déclare « avoir besoin de repos », et se repose en effet, pour observer, s'étudier et mesurer la gravité du mal.

Les menus « stress » de la vie quotidienne, les chocs, les tensions, les incidents sont perçus par le Capricorne avec une certaine indifférence; à cause de cela, il fait partie des gens qui doivent, à intervalles réguliers, faire dresser leur bilan de santé, le « check-up » médical. Faute de cette précaution, ils risquent de se retrouver, un jour, gravement atteints.

Ce jour-la, le psychisme prend la relève de la maladie et, dès que le mal fait mine de régresser, le pessimisme, le sentiment de fatalité du sujet, aggravent la maladie et semblent attirer l'issue fatale comme si le sujet souhaitait ardemment cette aggravation. Une dépression nerveuse peut alors s'intaller et étouffer les dernières chances de guérisons.

Sachant cela, un natif de ce signe doit se tenir sur ses gardes; il ne faut jamais sous-estimer le mal. Faire attention à sa santé n'est jamais ni ridicule, ni enfantin, ni inutile. Et si le Capricorne ne veut pas se plier au check-up périodique, il faut que sa famille l'y pousse.

Le système endocrinien semble mal équilibré chez la plupart des saturniens. Cela provoque une croissance un peu déréglée, ils sont souvent longilignes, un peu plus que ne l'exige la grâce parfaite.

Une autre façon de considérer la santé du natif du Capricorne est l'observation de l'homme-Zodiaque.

Chaque signe du Zodiaque correspond à une partie du corps humain. Ainsi on a pu dresser le tableau que voici :

L'homme-Zodiaque est une assez curieuse création de ces ancêtres qui ont inventé l'Astrologie. Il s'agit de correspondances existant et constatées entre les signes du Zodiaque et le corps humain. Chaque signe correspond à une partie du corps et les natifs de chacun de ces signes ont cette partie du corps particulièrement sensible. Il est important d'en tenir compte pour une vie harmonieuse et de veiller aux avertissements prodigués à ce propos par l'astrologue. Cet

# Mundini

Distinctio Neruorum

Nerui a cerebro. vij.paria Nuche colli viij:
Nuche ſpondiliū pectorꝫ.xij Nuche alchatyn v
Nuche alhouyne iij Nuche alhoſos iij
Et vnum impar.

Summa omnium neruoꝝ.xxxviij. Et vnū impar:

Impreſſit Argentine Martinus Flach
Anno domini. M.D.xiij.

*Homme-Zodiaque, gravé par Mundino da Luzzi, 1532.*

homme-Zodiaque se présente ainsi :

la tête correspond au Bélier
la bouche, la gorge, le cou au Taureau
les épaules et les bras aux Gémeaux
les bronches, l'estomac et le diaphragme au Cancer
le cœur au Lion
les intestins à la Vierge
le plexus solaire, à la Balance
les organes génitaux et l'anus au Scorpion
les cuisses au Sagittaire
les genoux et les autres articulations au Capricorne
les jarrets et les mollets au Verseau
les chevilles et les pieds aux Poissons.

On peut déduire que le point faible chez le natif du Capricorne se trouve dans les articulations. Epiderme et articulations, disent la plupart des commentateurs.

### Le choix d'une carrière

Rappelons d'abord que le natif du Capricorne ne s'extériorise pas facilement. Il est affable, aimable, mais sans plus. Les caractéristiques du personnage sont surtout le calme, la présence d'esprit, la méthode, la mémoire, l'emprise sur soi. De là découlent, sur le plan intellectuel, certaines dispositions intéressantes sur le plan professionnel, à commencer par une vision objective des choses. Il faut y ajouter la sûreté de jugement, la clarté intellectuelle, l'esprit d'analyse.

En résumé, une forte concentration d'esprit, une grande capacité de réflexion, un esprit d'analyse, avec le goût de la méthode, de la systématisation et, pour se bien porter, le désir de travailler dans un lieu clos.

Sur le plan des métiers manuels, le sujet étant robuste, on peut suggérer les métiers de la mine ; mais l'agriculture peut convenir aussi – ceci à cause de l'élément Terre.

Parmi les professions non manuelles, le métier

d'ingénieur est parfait pour un Capricorne, surtout dans les Mines ou les Travaux Publics.

Enfin, utilisant sa nature objective et sa capacité intellectuelle, le Capricorne peut adopter une profession intellectuelle, comme celle du chercheur en laboratoire, du mathématicien, du philosophe, soit en matière de recherche, soit dans l'enseignement.

En fait, l'éventail qui se propose à son choix est très large. Il dispose de possibilités nombreuses, parce qu'il peut presque tout faire. Il ne craint pas les risques, il est robuste, intelligent, volontaire, actif.

Il peut donc envisager les professions qui font appel aux qualités intellectuelles. Il est capable de se concentrer suffisamment pour résoudre les difficultés qui se présentent devant lui.

Il peut envisager des métiers actifs, car il a une bonne santé et pourra accomplir les efforts physiques demandés.

Il peut exercer les métiers comportant un danger, car il a du sang-froid et sait faire face aux situations les plus inattendues comme il sait supporter la souffrance accidentelle.

Au contraire, ne lui conviennent pas les métiers exigeant un contact permanent avec le public : agent de relations publiques, enquêteur, journaliste, vendeur, avocat, etc. Son comportement ne s'y prête pas et malgré tout le talent qu'il possède pour se dominer, on peut se demander si, pour satisfaire aux exigences d'une profession, il arriverait à être aimable d'une manière continue.

## Son style de travail

On devine, d'après ce qui précède, comment un pur Capricorne se conduit à son travail.

La mise en train est probablement lente, mais elle est méthodique. Rien n'est laissé au hasard.

Molière. *Gravure d'après Mignard, XVII$^{e}$ siècle.*

Sa grande résistance à la fatigue et à la monotonie lui permettront de travailler avec une grande régularité. Dans un poste demandant un certain automatisme, il aura les meilleurs résultats.

Il peut choisir une profession exigeant le strict respect des horaires imposés, car il est irréprochable sur le chapitre de l'exactitude.

Mais il doit éviter les postes où le travail se fait en équipe. Il est possible que la froideur de son abord nuise à ses rapports avec les autres. D'ailleurs, tout Capricorne convient qu'une ambiance bruyante le lasse, que les contacts trop répétés lui déplaisent.

D'ailleurs, il ne possède pas l'esprit d'équipe. Bien que capable de planifier très rigoureusement sa tâche, il préfère l'accomplir seul. S'il a des collaborateurs, il ne leur laisse que des tâches modestes de documentation et veut assumer seul toutes les responsabilités. En conséquence, on n'aime pas travailler avec lui. Discipliné et respectueux avec ses supérieurs, il sait aussi très bien commander et diriger son personnel.

Aucun lien de sympathie, cependant, ne peut s'installer entre ses subordonnés et lui; il ne les retient que parce qu'il est équitable, ne leur demande que des choses dont ils peuvent s'acquitter, et les leur explique clairement. Mais aucune affectivité n'entre en jeu. Son personnel le quitte facilement.

Quelles que soient les différences existant entre deux Capricornes, les observations concernant le choix d'une carrière restent généralement valables.

### Ce que le Capricorne doit corriger en lui

Lecteur, lectrice natifs du Capricorne, vous considérez-vous parfaits ? Ne pensez-vous pas que vous pourriez avoir une existence plus facile, plus pleine, plus heureuse, si vous parveniez à modifier légèrement votre comportement ?

Il semble que vous ne soyez pas assez ouvert, avenant, liant avec les autres. C'est pourquoi ceux qui ne vous connaissent pas très bien, ne parviennent pas à vous comprendre et, de ce fait, commettent à votre égard des erreurs qui vous sont préjudiciables.

N'être point émotif, garder son sang-froid est admirable en certaines circonstances peu communes. Chez la plupart des gens, un excès de réserve passe pour de l'indifférence, un excès de froideur pour de l'hostilité, un excès de silence pour du mépris.

Tout en conservant cette mesure qui vous est propre et qui fait votre originalité, vous pourriez vous montrer, d'une manière générale, plus ouvert, plus abordable, plus loquace. Parler pour ne rien dire vous arrive rarement.

Que vous soyez sérieux, nul n'en doute. Mais être sérieux n'est pas être triste. Et même si vous vous sentez triste, il n'est pas nécessaire de le montrer. Un air affable, un sourire sincère et simple vous gagneront bien des cœurs qui, actuellement, vous craignent et vous évitent. Je sais que vous êtes tentés de répondre qu'il n'est pas nécessaire de sourire. Eh bien si ! Justement. Pour un Lion, pour un Balance, pour un Sagittaire, l'abord et le contact sont simples. Pour un Capricorne, on ne sait pas trop à quoi s'en tenir. Souriez et on vous sourira. On cessera de se demander ce que vous pensez réellement.

*Novembre et décembre.*
Horae ad usum romanum, *manuscrit latin du XV^e siècle.*

# Chapitre III

# Les types mixtes du Capricorne

Il est bien possible qu'en lisant le portrait qui vient d'être donné ici du Capricorne, nul Capricorne ne se soit reconnu. Il peut y avoir à ce fait deux raisons : d'abord, est-ce que vous vous connaissez bien ? Savez-vous que, lorsque nous nous regardons dans un miroir, nous n'avons jamais l'expression que les autres voient sur notre visage ? Cela parce que nous voyons notre visage inversé; c'est d'ailleurs une des raisons pour lesquelles nous ne nous trouvons pas toujours ressemblants sur une photographie.

Si vous ne vous voyez que « du dedans » et avec une attitude que vous n'adoptez que pour vous-même, on peut dire que vous ne pouvez pas vous connaître au point de vue du caractère.

Une deuxième raison c'est que tous les Capricorne ne sont pas des types « purs ». Un Capricorne « pur » est né sous le signe du Capricorne, à l'heure où ce signe se trouvait juste au bord de la ligne d'horizon à l'est, position favorisée, qui a une grande influence sur les natifs de cet instant. Si le Capricorne a dépassé ce point depuis environ deux heures, un autre signe l'a remplacé et c'est celui-ci qui va provoquer des modifications dans votre personnalité. A l'action de cet autre signe, que l'on appelle le signe « ascendant », s'ajoute l'influence des diverses planètes se trouvant dans le ciel au moment de votre naissance et contribuant à créer une infinie variété de types, de personnalités, de destins.

Il ne serait pas possible de traiter dans cet ouvrage du problème de la position des planètes et de donner le portrait du chaque type ainsi modifié; mais nous pouvons prendre en considération l'influence du signe ascendant. Le signe du Zodiaque sous lequel vous êtes né et que vous indique la date de votre naissante est votre signe solaire; le signe qui se levait à l'horizon à l'instant où vous naissiez, s'appelle votre signe ascendant. Votre signe solaire a déterminé les bases fondamentales de votre caractère; le signe ascendant n'agit que sur votre comportement ultérieur. Il vous apporte des impulsions, des tendances, et non des traits fixés.

Si vous connaissez non seulement le lieu et la date de votre naissance, mais aussi l'heure, vous pourrez savoir, si ce n'est déjà chose acquise, quel est votre signe ascendant.

L'heure de votre naissance est indiquée dans l'acte de naissance, dressé par le service de l'état-civil. Il faut savoir si cette heure est bien l'heure réelle du soleil ou non. En général, c'est une heure officielle.

Il existe des tables éditées en librairie indiquant pour chaque heure et chaque date, dans un pays déterminé, les signes ascendants. Vous pourrez avoir la même précision pour les personnes sur lesquelles vous désirez être renseignés. Il suffit de connaître l'heure de la naissance.

### Capricorne ascendant Bélier

L'influence de l'ascendant ne sera pas mal accueillie car il n'y a pas d'opposition entre le Feu, l'élément régissant le Bélier, et la Terre, qui régit le Capricorne. Les impulsions dynamiques de l'ascendant appliquées sur le fond naturel statique qui compose le caractère du Capricorne seront influentes et positives. Elles apporteront des tendances que nous avons pu apprécier dans leur plein épanouissement lorsque nous avons étudié le Bélier.

Le Bélier est placé sous le signe dominant de la planète Mars qui y a son domicile, le gouverne et lui donne un grand dynamisme, allant parfois jusqu'à une relative agressivité.

Cette influence va animer le Capricorne d'une force de persuasion qui peut contrebalancer l'influence de la planète Saturne.

Saturne est une planète à influence restrictive; sa présence tend à immobiliser le sujet dans ses impressions, ses sentiments, ses activités. Mars remet tout en mouvement.

Le Bélier possède un grand pouvoir d'attaque, une puissance de choc; sous l'impulsion de sa première impression, il se précipite tête baissée dans l'action et, éventuellement, dans la lutte.

C'est tout l'opposé du Capricorne, mais nous avons vu que l'existence d'un accord possible entre les éléments qui les régissent crée un climat différent.

Quel en sera le résultat ?

Sur la base du caractère toujours contrôlé, dominé par la volonté du Capricorne, la présence du Bélier brode des élans imprévus, des enthousiasmes, une vitalité plus visible et le réchauffement de cette créature d'apparence froide. S'il y a une contradiction, elle n'est le plus souvent qu'illusoire, car le Capricorne n'est pas un caractère réellement froid, mais volontairement « refroidi », si l'on peut ainsi exprimer ce qui se passe en lui. Nous avons vu que son comportement était entièrement prémédité; qu'il était capable d'émotions, mais qu'il refusait de les laisser paraître. Qu'il était capable d'aimer, mais qu'il refusait les épreuves de l'amour.

Sous l'influence de l'ascendant Bélier, le Capricorne se laissera aller à certaines manifestations plus vivantes que ne le fait le type pur.

Il arrive cependant que, selon la disposition des planètes dans le ciel de naissance du sujet, cette présence de l'ascendant Bélier apporte un élément de déséquilibre et de trouble. Dans ce cas, si l'influence saturnienne, par exemple, est très forte, il restera sombre, silencieux et intérieurement troublé, voire angoissé, par le sentiment qu'il devrait être différent et qu'il n'y parvient pas.

### Capricorne ascendant Taureau

Le Taureau est régi par l'élément Terre, comme le Capricorne; c'est un point favorable à une harmonie entre la personnalité fondamentale du sujet et les impulsions postérieures et dynamisantes de son ascendant. Si nous étudions le caractère des natifs du Taureau, nous constatons qu'il a une psychologie dite « secondaire », ce qui signifie qu'il n'agit pas sur la première impulsion, mais qu'il « rumine » longuement une idée avant de passer à sa réalisation; de même, cet effet de ralentissement agit sur sa mémoire, qui est excellente.

Par l'influence de son signe zodiacal, le natif du Taureau est intéressé par le développement intense de la végétation; l'élan comme la beauté du printemps font de lui un être aimant la vie dans sa somptuosité et toute sa couleur. Il est attaché aux biens matériels et sait comment les acquérir.

Le réalisme du Taureau influence les Capricorne qui ont ce signe en ascendant.

Leur état d'esprit est particulièrement ferme et bien fondé sur des observations pratiques exactes dont ils gardent le souvenir précis. Ils sont aptes à un travail solide, constant et rémunérateur; du Taureau ils ont le goût du gain.

Le caractère réfléchi du Taureau s'ajoute au même trait du Capricorne et le Capricorne ayant le Taureau en ascendant s'adonne à une méditation profonde autant qu'efficace avant d'entreprendre une activité. Sa puissance de concentration est accrue et d'une efficacité pratique plus grande.

Le Capricorne continue à apprécier de rester

silencieux, mais de temps à autre, quelque festin ne le rebute pas; il apprend petit à petit, sous l'impulsion de son ascendant à aimer les plaisirs de la table, la beauté des objets, les biens matériels et l'art.

Équilibré parce que solidement attaché à la terre nourricière, comme un Taureau, il demeure tenace, persévérant et ne se disperse pas; il choisit une fois pour toutes sa tâche, son métier, sa mission, sa profession de foi, et il s'en tient là, presque immobile et granitique, jusqu'à ce qu'il ait atteint le résultat qu'il désirait.

### Capricorne ascendant Gémeaux

Le Gémeaux est une signe d'Air; sa planète dominante est Mercure. Or, il existe un certain lien entre Mercure et Saturne : ces deux planètes sont régies par l'élément Terre. Le mercurien est un personnage charmant, mais parfois décevant; c'est avant tout un cérébral et, en ce sens, il est un parfait ascendant du Capricorne, ce dernier utilisant aussi beaucoup son raisonnement. Mercure apporte un air de jeunesse et une vivacité inhabituels chez un Capricorne, mais que l'on rencontre parfois, ce qui tend à faire douter de l'exactitude de l'influence du signe zodiacal sur les natifs de ce signe.

Le natif des Gémeaux est adaptable, souple, gai et mobile. Il aime se déplacer, s'extérioriser, avoir des contacts avec les gens; ce ne sont pas ces éléments qui vont influencer un Capricorne. Toutefois, il est possible qu'il en tire plus de souplesse dans ses relations sociales, plus de disponibilité intellectuelle pour d'autres problèmes que les siens propres et plus de rapidité dans ses mouvements.

La présence d'une influence mercurienne accentue le côté cérébral du natif du Capricorne; Mercure incite à une utilisation intensive des facultés de

*Armoiries allemandes, XIX^e siècle.*

raisonnement de notre intelligence; il aidera un Capricorne à porter des jugements plus rapides et tout aussi justes sur les faits et les gens; il l'entraînera à s'intéresser à des questions assez diverses dont il acceptera de parler avec ses contemporains, ce que ne ferait certainement pas un pur Capricorne. Cela n'entre pas dans sa ligne, mais l'influence de Mercure est ici très dynamisante et vivifiante.

La présence de Saturne ne contrarie pas du tout le rôle de Mercure. On sait que Saturne gouverne le Capricorne. Il aurait pu y avoir un manque d'harmonie entre la planète la plus encline aux communications, Mercure, et la planète restrictive entraînant à la concentration et au silence, Saturne. L'élément Terre les unit.

L'unité intérieure parfaitement réalisable dans le cas du natif du Capricorne avec les Gémeaux en ascendant apporte de grandes satisfactions, parce que l'ascendant possède toutes les qualités utiles à un bon équilibre des diverses tendances internes du Capricorne.

Une ambition qui sait se plier aux événements et profiter des circonstances pour se les rendre favorables est souvent le résultat de cette collaboration psychologique.

### Capricorne avec ascendant Cancer

Voyons maintenant comment va évoluer un natif du Capricorne ayant pour ascendant le signe du Cancer.

Le Cancer est un signe d'Eau. Il a pour planète dominante la Lune. Ces précisions astrologiques serviront de base a nos déductions psychologiques.

La Lune, dans le signe du Capricorne est « en exil », ce qui veut dire en langage courant qu'elle n'y est pas à sa place logique, qu'il n'existe pas de bons rapports entre les caractéristiques générales du signe et la planète. Comme le Cancer est sous l'influence puissante et directe de la Lune, qui y élit, selon le même langage astrologique, son domicile, c'est-à-dire sa place la plus naturelle et la plus harmonieuse, il ne peut pas y avoir une harmonie parfaite entre le caractère fondamental d'un natif du Capricorne et les impulsions que lui apporte le signe du Cancer, qui est son ascendant.

Le signe du Cancer, très attaché aux sources, au marécage natal, est un signe qui donne des qualités plus propres à la tendre enfance qu'à l'âge mûr. Il montre un grand attachement à la famille, à la maison natale, aux amis d'enfance et de jeunesse.

Le natif du Capricorne, endurci par son propre caractère et les activités qu'il a choisies, est troublé par ces rappels d'une période de sa vie à laquelle il ne tient pas à penser trop souvent. Dur envers lui-même, il refuse de s'attendrir. Mais les agitations affectives d'un Cancer ne sont pas totalement étrangères à un Capricorne, et, dans le déroulement de son évolution intérieure, son ascendant réussira, avec les années, à le tourner davantage vers ses origines et vers une coloration plus affective du chemin suivi par ses pensées. Peu à peu, il en viendra à ne plus repousser le souvenir et commencera, lorsqu'il aura résolu les problèmes relatifs à sa situation matérielle, à rêver au passé, aux premières années et à la tendresse maternelle. Il restera plus volontiers chez lui, et, s'il n'est pas plus loquace, il sera néanmoins plus affectueux envers les siens. Il tiendra davantage à leur présence et leur portera un plus grand intérêt. S'il a encore sa mère à cette période de sa vie, il se décidera à la revoir et s'efforcera probablement de lui faire oublier les dures années pendant lesquelles il ne s'est intéressé qu'aux tâches professionnelles qu'il s'était imposées. Il frémira peut-être au souvenir des dangers auxquels il s'est exposé en pensant, enfin, qu'il a contribué à plonger cette mère dans l'angoisse. Davantage de profondeur et d'affectivité dans ses pensées, tel est l'apport de l'ascendant Cancer.

### Capricorne ascendant Lion

Le signe zodiacal du Lion a pour planète dominante le tout-puissant Soleil et il en profite largement; brillant, extraverti, communicatif, actif, dynamique, robuste, aimant la vie large et brillante, le natif du Lion se reconnaît au premier contact. C'est un signe de Feu.

Les aspects du Soleil avec Saturne ne sont pas toujours aussi rassurants que le caractère apporté par cette planète au Lion pouvait le laisser espérer. Saturne n'est pas facilement en harmonie avec le Soleil et leurs influences, sans être opposées, sont différentes et ne jouent pas sur le même plan; cela rend difficile l'influence de l'ascendant Lion sur le natif du Capricorne.

Il est à peu près certain que les difficultés ne manqueront pas. Ce n'est que par la force concentrée du signe solaire, par opposition au signe ascendant, que le Capricorne dominera ses problèmes.

En fait, le Lion donne beaucoup d'ambition à ses natifs; le Capricorne en aura plus que sa part et il possédera dans ses contacts avec les autres certains éléments chaleureux du Lion. Cela pourra l'inciter à tenter une carrière plus en vue, plus brillante qu'il n'était au début incliné à choisir.

L'ascendant Lion crée un certain désir de s'élever dans l'échelle sociale, qui se trouve soutenu et rendu accessible par le caractère d'efficacité que le natif du signe de Capricorne reçoit en naissant.

Il restera cependant toujours à ce sujet l'influence constitutive de Saturne qui ne veut rien entreprendre à la légère et pour peu de temps. Au lieu de songer uniquement à sa propre situation et à son confort

*Carte d'un jeu de tarot.*

personnel, le natif du Capricorne qui a le Lion en ascendant se mettra à envisager des actions à longue échéance, des programmes sociaux ou publics, une activité axée sur la notoriété, l'intérêt commun et la durée. Cela peut ouvrir des possibilités d'accéder à des postes au gouvernement, ou d'entrer dans une carrière entraînant une certaine célébrité, comme le théâtre, par exemple, ou le sport, dans des compétitions de grande envergure, et l'ambition devient alors une passion dominatrice qui suffit à remplir une vie, et qui étouffe toute velléité d'une réelle vie privée. Mais un « saturnien » consent à tous les sacrifices.

### Capricorne ascendant Vierge

Il y a une certaine harmonie entre le signe de la Vierge et le signe du Capricorne, car l'un et l'autre sont des signes de Terre. La signification symbolique et ésotérique du signe de la Vierge ne s'oppose nullement à celle du signe du Capricorne. Le signe de la Vierge apporte en premier lieu une incitation à se donner des règles et à les respecter scrupuleusement; cela s'accorde parfaitement avec les données de base du caractère du Capricorne. Il sera donc toute sa vie un être « à principes ». Celui qui se dresse un emploi du temps et le suit chaque jour. S'il s'impose dix minutes de gymnastique chaque matin, coûte que coûte, il les accomplira; s'il décide de suivre un régime végétarien, il le suivra. Une certaine rigidité caractérise la psychologie provoquée chez les natifs de ce signe par la Vierge; une rigidité de conduite, c'est exactement ce qui convient à un natif du Capricorne, dominé, dirigé, inspiré par Saturne. Les impératifs de concentration, de profondeur et d'immobilité provenant de Saturne et signifiés à la naissance seront plus facilement suivis avec un tel ascendant. Une grande unité se fera dans la psychologie du Capricorne.

Par son instinct, le Capricorne est porté vers une vie simple de travailleur, et dès qu'il est en âge de choisir sa voie, on s'aperçoit qu'il y a pensé depuis longtemps et qu'il a pris seul sa décision. La régularité dans son emploi, un horaire fixe à suivre, des directives à respecter sont des éléments qui pourraient le contenter; le reste de sa vie, l'intérêt propre de son existence, cela se passe à l'intérieur; il n'en parle pas, car un Capricorne parle le moins possible.

Sous les impulsions données par son ascendant Vierge, il se sentira désireux de s'imposer des règles personnelles, et ceci dans un but bien précis : se dépasser, atteindre le plus haut niveau social possible, non par ambition, mais par souci d'efficacité. Le signe de la Vierge apporte une prise de conscience presque dramatique de la fonction personnelle au sein de la vie collective.

Économe, méticuleux, précis, sous l'effet de son signe ascendant il devient ascétique, sévère, pour lui-même, non pour les autres; il est fondamentalement rigoureux, exigeant, intransigeant, et d'une conscience professionnelle à toute épreuve.

Son travail, il va le faire pour assurer sa propre sécurité, mais il le fera tout aussi bien pour assurer la sécurité collective.

### Capricorne ascendant Balance

Entre le signe de la Balance et le signe du Capricorne on trouve peu de points communs.

La Balance est un signe d'Air, le Capricorne un signe de Terre. La Balance est dominée par la planète Vénus, le Capricorne par la planète Saturne.

Y a-t-il pourtant quelques rapports entre ces deux planètes ? Nous trouvons seulement ceci : Saturne, planète qui a son domicile dans le signe du Capricorne est en « exaltation » dans le signe de la Balance. Que signifie le mot exaltation en langage astrologique ? Cela veut dire que la planète se trouve dans un signe qui lui convient. Lorsque ce signe est celui qui lui convient le plus, on dit que c'est son domicile.

Saturne est en exaltation dans la Balance, et en son domicile dans le Capricorne : nous en concluons qu'il existe une affinité, délicate, mais réelle entre la Balance et le Capricorne, donc que le fait pour un natif du Capricorne d'avoir la Balance en ascendant ne doit pas créer une dysharmonie qui puisse lui être préjudiciable.

Nous allons maintenant tenter de définir le résultat de cette combinaison.

Selon les dispositions des autres planètes dans le ciel de naissance du sujet, le résultat des impulsions données par le signe de la Balance sur le psychisme du natif du Capricorne peut être différent. En effet, cette influence de la Balance est légère et nuancée, propice à toutes sortes de variations. Exactement comme est fragile l'équilibre des plateaux de la Balance qui sert de symbole à ce signe.

En simplifiant les choses, deux voies peuvent se présenter : ou bien le sujet cède facilement à l'influence vénusienne de la Balance et se met à discerner, tout à coup, les cas où le sourire, la bonne grâce, la souplesse sont utiles et valables; ou bien il ne l'admet pas.

Prenons le premier cas et nous avons un être toujours aussi concentré et réfléchi, intelligent et efficient, mais qui se permet un peu de fantaisie, même si cela est inutile et constitue une perte de temps et d'énergie. Le plaisir de voir des visages heureux autour de lui sera sa récompense; en fait, cette attitude lui procurera plus de chance, car la chance vient aux caractères heureux et affables.

Dans le second cas, l'être sera profondément troublé et se sentira comme un regret de n'être pas plus gai, sans toutefois se corriger.

*La constellation du Capricorne, gravée d'après Léonard Gautier.* Le Livre des Zodiaques, *XVII^e siècle.*

## Capricorne ascendant Scorpion

Lorsque le signe ascendant du natif du Capricorne est le Scorpion, on a en premier lieu une dissonance qui vient du fait que le Capricorne est un signe de Terre et le Scorpion un signe d'Eau. Ces deux éléments ne s'annulent pas, mais les caractéristiques qu'ils apportent avec leur influence sont très différentes. Il manque au signe d'Eau le réalisme concret du signe de Terre.

D'autre part, la planète directrice du Scorpion est la Lune; celle du Capricorne est Saturne. On conçoit mal leur accord, bien que le natif du Capricorne, qui a le Cancer en ascendant – le Cancer étant signe d'Eau avec la Lune en planète directrice – se retrouve avec un psychisme assez équilibré. C'est que le Scorpion est loin d'être aussi tendre et aussi sentimental que le Cancer; entre le Scorpion et le Capricorne, il y a deux cuirasses : celle du Scorpion est dure et elle le recouvre tout entier; celle du Capricorne est plus cassante et elle ne recouvre que la partie inférieure de son corps.

A travers ces considérations, à quelles conclusions parviendrons-nous ?

Le Scorpion est un signe qui donne à ses natifs un caractère définitif, qui ne se modifie pas et qui est à la fois animé, sensible et dramatique.

Un natif du Scorpion a instinctivement le goût du sacrifice; cela se constate surtout au féminin où la mère a tendance à se sacrifier pour son enfant, ce qui est contraire à la logique des choses. Car l'enfant doit se débrouiller tout seul dans la vie.

Les troubles du Scorpion risquent de se retrouver chez le Capricorne; les problèmes que sans cesse il se pose peuvent se présenter également chez lui; il y a chez le Scorpion une mentalité magique que le Capricorne, trop matérialiste et trop logique, refusera toujours. Ainsi paraît difficile un accord entre la psychologie reçue à sa naissance par un Capricorne et les impulsions que lui apporte un ascendant Scorpion.

Le sujet se trouvera devant un choix difficile et mettra toujours en face de ses décisions la solution contraire; puis, par esprit de sacrifice, il choisira toujours la voie la plus difficile, le parti de l'héroïsme, le destin de la souffrance, et cela uniquement par impulsion.

Il serait peut-être incapable de justifier son choix si on le lui demandait; mais il reste secret, ce qui fait que tout le monde ignorera qu'il avait la possibilité de faire ce choix ou un autre.

### Capricorne ascendant Sagittaire

Nous voici devant une nouvelle question : quelle influence aura l'ascendant Sagittaire sur le natif du Capricorne ? Nous allons faire les observations nécessaires pour arriver à déterminer une réponse valable.

Le Sagittaire est un signe de Feu; le Capricorne, un signe de Terre; l'un ne nuit pas à l'autre; tous les deux sont secs : l'un chaud et sec, l'autre froid et sec. Pensons à ce qui vient d'être dit sur l'ascendant Bélier, puis sur l'ascendant Lion.

Mais la planète qui a son domicile dans le Sagittaire est un astre triomphant : Jupiter.

Sous l'impulsion donnée par son ascendant Sagittaire, le natif du Capricorne va-t-il bénéficier du développement favorisé par Jupiter ? Nullement. Car dans le signe du Capricorne, Jupiter est en « chute », expression astrologique qui signifie que le signe dans lequel nous voudrions le voir ne lui convient pas. En fait, Jupiter gardera son efficacité sur le Sagittaire et, par son intermédiaire et dans le cas où les aspects des autres planètes ne s'y opposent pas énergiquement, on aura quelques bons élans vers le succès, apportés par l'ensemble des caractères du signe ascendant.

Le Sagittaire est un signe qui donne à ses natifs un sens très marqué de hauteur de vues, de spiritualité.

Il n'est pas impossible que le Capricorne admette facilement les tendances qui lui sont envoyées par son ascendant Sagittaire et veuille bien renoncer pour le présent à son confort personnel et à l'acquisition de biens matériels, à l'exercice régulier d'une profession tranquille pour aller vers des hauteurs inhabituelles et faire la preuve de son intelligence et de ses capacités, au nombre desquelles le courage tient un rang très estimable. Mais une condition s'avère nécessaire pour que le Capricorne assume cette « transmutation » du vil métal en or pur.

Cette condition, c'est une passion. Quand on se trouve devant un choix qui propose d'une part le devoir gris, régulier, sans éclat, mais sûr et bien tracé, d'autre part, une voie difficile, mais enrichissante, un but élevé et généreux, prometteurs de problèmes peut-être très pénibles, mais de satisfactions spirituelles infinies, pour choisir la seconde voie, il faut de la passion. Ce n'est pas une décision qui se prend de sang-froid. Or, le Capricorne est un être essentiellement froid. Seule, une passion brûlante peut le décider à faire un choix délicat dans le sens de l'élévation morale plutôt que de l'intérêt pratique.

### Capricorne ascendant Verseau

Quelles modifications allons-nous constater chez un natif du Capricorne s'il a un ascendant Verseau ?

Le Verseau est un signe d'Air, comme les Gémeaux et la Balance.

La planète qui a son domicile dans le Verseau nous donne la clef de la bonne réponse; c'est Saturne. Saturne possède deux domiciles, le Capricorne et le Verseau. Avec un tel agent de liaison, il serait dommage que l'influence de l'ascendant Verseau ne soit pas nette et concluante.

Les caractères apportés par la présence de Saturne dans le signe du Capricorne vont être répétés et soulignés par la présence de Saturne dans le Verseau et le Verseau en ascendant. Tout va se dérouler comme si le natif du Capricorne était du type pur.

Les notions de concentration, rétraction, introversion sont exaltées et portées à leur maximum.

Que devient alors le Capricorne ? Est-il en tous points semblable au type pur ? Pas tout à fait : ce raisonnement doit être un peu nuancé. En effet, le Verseau est très proche de la notion d'universalité, vers laquelle, de signe en signe, s'achemine la progression significative du Zodiaque. Selon cette voie et conformément à la logique, le Verseau apporte au Capricorne des impulsions altruistes, des tendances qui le poussent à réfléchir sur le principe des choses.

La froideur de son caractère, la concentration de son esprit, l'énergie et la décision tranquille dont il a toujours fait preuve restent telles que son signe de naissance les lui a attribuées. A tout cela, que le Verseau ne modifie pas, puisqu'il est sous l'influence de Saturne, s'ajoute ce qui est propre au Verseau : la notion de généralisation, le sens de la présence des autres, de tous les autres, non seulement ceux que l'on connaît, mais aussi ceux que l'on ne connaît pas et que l'on adopte dès le moment qu'ils ont besoin d'être aidés.

Les activités du Capricorne vont donc s'orienter loin de son propre intérêt et de celui de son foyer, mais vers ceux des nations les moins développées...

Toute son énergie, toute sa force, toutes ses capacités vont se canaliser vers un but idéaliste et humanitaire où il tentera de faire triompher, sinon une justice sociale, au moins une charité universelle.

### Capricorne ascendant Poissons

Avant de déterminer quelles impulsions apporte le fait d'avoir le signe des Poissons en ascendant, nous allons étudier sommairement ce signe.

Le signe des Poissons est un signe d'Eau; face au Capricorne qui est un signe de Terre, nous ne voyons pas d'hostilité, mais sans doute peu d'affinités.

La planète dominante des Poissons est Neptune; mais Jupiter y a aussi son domicile; c'est-à-dire qu'il y a deux planètes qui influencent les natifs des Poissons. Cependant, ce sont deux planètes qui ne semblent pas avoir de grandes affinités avec le Capricorne. En tout cas, Jupiter étant « en chute » dans le Capricorne, ce qui veut dire, en langage astrologique qu'il n'y a pas beaucoup d'influence, c'est Neptune qui va probablement donner la couleur.

Le signe des Poissons apporte à ses natifs un caractère rêveur, enclin à la poésie, la musique, attachant de l'intérêt à tout ce qui possède un caractère d'universalité, les grands problèmes, le Cosmos, les arts divinatoires. Tout cela est très éloigné des traits qui marquent le Capricorne, et celui qui naît Capricorne avec un ascendant Poissons sera certainement troublé intérieurement par cette disparité.

Le signe des Poissons tend à attirer le natif du Capricorne vers des rêveries floues et sans portée pratique, et son signe solaire l'attire au contraire vers une efficience dont les résultats seront plus ou moins lointains, mais concrets, réels. Si le Capricorne possède un caractère assez fort, il pourra réaliser les rêves que lui inspirera son ascendant Poissons. Il pourra mettre en application les idées les plus extraordinaires que lui suggèrent les Poissons; on peut ainsi devenir un grand inventeur, un grand artiste, ou un meneur de peuples.

Si le Capricorne, à cause d'une certaine configuration des astres dans son ciel de naissance est un faible, s'il ne possède pas une grande force de décision, il se

*Gravure de Aubrey Beardsley pour* le Masque de la Mort rouge *d'Edgar Allan Poe, natif du Capricorne.*

contentera de se dominer, de refouler ses rêves, de les réserver aux heures de sommeil ou de repos; il aura deux existences : sa vie pratique, où il accomplira les tâches qu'il s'est choisies ou qu'on lui demande; et une intense vie intérieure qui demeurera son jardin secret, son refuge contre les assauts du destin. Rien ne pourra le déprimer tant que la beauté et la lumière resteront en lui; car rien ni personne ne peut nous priver du domaine de notre pensée, de nos rêves, de nos illusions; et, lorsque tout est noir, le rêve et l'illusion peuvent entretenir la vie et l'espoir.

### Evitez les idées préconçues

La popularité de l'Astrologie est telle, à notre époque, qu'elle crée des idées toutes faites, qui risquent de leurrer le public.

Quand deux personnes font connaissance et entament une longue conversation, il est devenu assez courant que l'une demande à l'autre :

– De quel signe êtes-vous ?

La réponse de l'interlocuteur fait surgir aussitôt dans l'esprit de l'auteur de la question une image stéréotypée assez précise pour être inexacte. En effet, on s'entend souvent rétorquer :

– Vous êtes Bélier ? Tiens ! Je vous croyais moins entreprenant ! Et vous n'êtes, au fond, pas fait pour les Beaux-Arts, n'est-ce pas ? Je suppose que vous avez l'esprit plus réaliste, plus concret...

Le Bélier se sent décortiqué, dépouillé de son armure de convenances, mais absolument pas compris. Évidemment, s'il a le Taureau en ascendant, il se peut qu'il soit merveilleusement doué pour la musique classique ou pour le chant; peut-être a-t-il les timidités du Cancer, ou les rêves des Poissons ?

Il est toujours nécessaire d'adopter une attitude expectative dans cette sorte de conversation, car le

Saturne. *Gravure allégorique du XVI^e siècle.*

signe zodiacal de naissance est une donnée entre autres dans la définition des possibilités et des préférences du sujet.

D'autre part, la position des astres dans le ciel de naissance peut grandement modifier les notions d'ordre général, et nous ne devons jamais oublier qu'il est des influences planétaires qui arrivent à nuancer très sérieusement les données traditionnelles de base d'un signe zodiacal.

Dans l'essai de définition de la personnalité du sujet, les éléments entrant en jeu sont nombreux, divers, et jamais identiques. Pour se permettre de donner rapidement une définition, il faut avoir une grande expérience, quasi professionnelle, de l'Astrologie. Et un professionnel, trop conscient des nuances subtiles qui font que chacun de nous est unique, se garde de donner des définitions tranchées sur un ton de certitude absolue. Ce n'est pas une attitude de personne bien informée, mais de personne qui croit l'être. Ce ne sera pas la vôtre. Si vous arrivez à déchiffrer le caractère de quelqu'un, ne le dites jamais; ce sera votre force personnelle, et cette arme peut vous être un jour utile si vous la gardez secrète.

Traité d'astrologie, *de Mohammed ibn Hasan el-Saoudi. Manuscrit turc, 1582.*

# Troisième partie

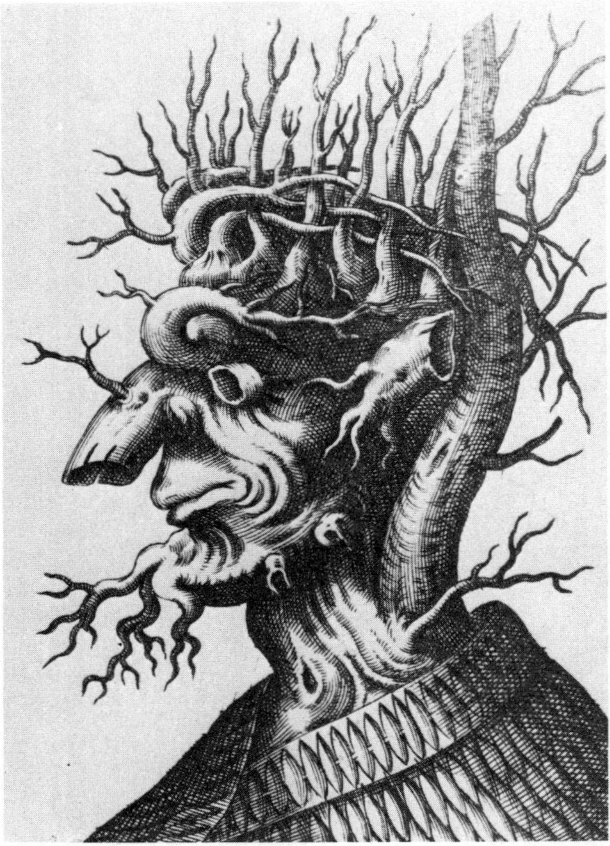

L'Hiver, *par Brambilla. Italie, XVI$^{e}$ siècle.*

# Chapitre I
# Le Capricorne face aux autres signes

Après avoir rappelé les origines, la symbolique, la mythologie du signe du Capricorne, nous avons tenté d'en définir la psychologie, les attitudes et même l'aspect physique. Ensuite, apportant des retouches à notre première esquisse, nous avons nuancé cette psychologie avec les apports du signe ascendant.

Dans un ouvrage à portée générale, il n'est pas possible d'aller plus loin dans la précision. Toutefois, dans des portraits individuels, on le peut. Il faut, pour cela, prendre en considération la position des planètes. Les planètes, en effet, ont sur nos vies des influences que l'Astrologie considère de diverses façons; soit qu'une planète affirme sa présence dans une Maison déterminée, et la Maison indique sur quel secteur de la vie du sujet agit la planète; soit qu'une planète occupe une position déterminée par rapport à une, deux ou plusieurs autres planètes, et ce sont les aspects planétaires.

N'insistons pas, car nous avons devant nous une tâche plus directement utile; l'étude du comportement du natif du Capricorne face à un natif d'un autre signe est une question qui peut apporter des informations directement applicables à la vie de tous les jours.

Dès qu'il est question de constituer une équipe qui doit durer assez longtemps, un groupe que l'on veut attacher à un travail de longue haleine, il s'avère nécessaire de définir à l'avance quel sera le comportement réciproque des personnes constituant cette équipe, ce groupe; vont-elles s'entendre, ou se trouver constamment en désaccord ? Si elles s'entendent, ne vont-elles pas perdre leur temps en conversations et créer entre elles une complicité ? Si elles sont en désaccord, ne vont-elles pas contrarier le déroulement du programme prévu ?

De plus, si l'on pouvait deviner, dans la tâche dont on va les charger, dans quelle mesure ces gens se complèteront, on atteindrait une efficacité infiniment plus grande. Si tous sont autoritaires, qui commandera ? Si tous sont indolents, qui les poussera à l'action ? Si tous sont violents, qui établira un climat de paix entre eux ? Toutes ces questions se posent chaque jour et à propos de situations très diverses. Actuellement la composition des groupes et des équipes est déterminée au hasard.

La psychologie pratique, l'usage des tests psychotechniques tentent cependant de résoudre ces problèmes; mais le sujet peut se trouver dans des dispositions particulières au moment du test et se modifier par la suite. En revanche, l'Astrologie, dans la branche qu'on pourrait appeler caractérologie, est susceptible de dire non seulement quelles sont les caractéristiques générales d'un sujet, mais comment il pourra réagir, et dans quel délai il pourra se modifier, si nécessaire. Une planète peut passer dans son ciel et apporter en lui des changements provisoires.

Ce qu'indique surtout l'Astrologie, c'est la plus ou moins grande affinité entre les natifs des différents signes, donc finalement entre les membres possibles d'une équipe, d'un groupe de travail.

Après avoir vu comment se passent les choses d'une manière générale, nous allons examiner cette question sur le plan de l'amour et du mariage, car c'est, dans la vie, l'affaire la plus importante.

P. J. PROUDHON.

Pierre-Joseph Proudhon. *Caricature de Carjat (musée Carnavalet).*

En effet, si l'on peut facilement et sans bouleversement psychique changer de situation, il est toujours dramatique de se séparer d'un être avec qui l'on pensait bâtir un foyer, fonder une famille, se fixer; et la situation est encore plus déroutante s'il y a des enfants; avoir des enfants issus d'un être qu'on ne peut plus supporter, c'est une tragédie à laquelle on fait semblant de s'habituer facilement, mais qui laisse toujours dans l'âme et dans le cœur de tous les intéressés des plaies inguérissables.

Le moment est donc venu d'étudier le comportement des natifs, hommes et femmes, du Capricorne, envers les natifs, hommes et femmes, de chacun des autres signes, sur le plan des rapports sociaux et du travail. Nous les étudierons ensuite dans le domaine de l'amour. Comment se comporte un Capricorne en face d'un natif d'un autre signe et en face d'un autre Capricorne ?

Ainsi qu'on vient de l'exposer, il s'agit de contacts sur le plan social : conversations, tractations commerciales, coéquipiers de travail, etc.

*Capricorne et Capricorne* : Deux taciturnes face à face ne créeront pas un très fort courant verbal. Chacun étudie l'autre sans se livrer; dès que l'un d'eux commence à se confier, l'autre ouvre aussi son cœur et ses pensées. Tous deux, très maîtres de leurs impulsions, savent donner au dialogue un tour serein et sérieux. Si l'un et l'autre décident que l'heure est aux divertissements, ils peuvent aller ensemble assez avant dans le style des « saturnales ». Ils peuvent être de grands amis, dont jamais l'un ne sera un sujet de perturbation pour l'autre.

*Capricorne et Bélier* : Le natif du Capricorne suivra mal le Bélier dans ses gambades affectives et intellectuelles. Et le Bélier risque de se lasser de devoir mobiliser un monolithe simple, naturel, mais un peu trop compassé à son gré.

*Capricorne et Taureau* : Le Taureau est réfléchi, aimable, gai, délicat et gourmand. Le Capricorne est calme, froid, courtois, émotif intérieurement et gourmand à ses heures. Ils peuvent travailler au même rythme et, étant deux signes de Terre, fort bien s'accorder. Le Taureau étant un signe féminin, et le Capricorne également, ils sont tous les deux réceptifs, sensibles; ils peuvent rencontrer ici un problème, parce qu'ils seront presque semblables. Le Taureau est généralement plus gai que le Capricorne.

*Capricorne et Gémeaux* : Le Gémeaux est un signe d'Air. Air et Terre peuvent s'entendre. Cependant, par rapport au Capricorne, froid, lent, secret, énergique, le Gémeaux vif, insouciant, changeant, brillant, peut sembler manquer de poids. En amis, ils peuvent avoir de bons moments; en équipe de travail, ils auront du mal à fonctionner au même rythme.

*Capricorne et Cancer* : Deux signes féminins. C'est un cas de rivalité possible ! Un signe d'Eau : le Cancer. Le Capricorne, signe de Terre, craindra le Cancer, mais la Terre sans eau ne produit pas; sans doute auront-ils de bons résultats en équipe de travail; mais ils seront moins confiants sur le plan amical.

*Capricorne et Lion* : Deux natures opposées qui peuvent s'équilibrer : le Lion, signe de Feu, masculin, face à un signe de Terre, féminin, pourra apporter chaleur, souplesse, ardeur, tandis que le Capricorne apporte la bonne volonté, le raisonnement ferme et juste, le zèle.

*Capricorne et Vierge* : Deux signes féminins, deux

*Louis Pasteur (musée Carnavalet).*

signes de Terre, deux signes tranquilles. Il semble que ces deux signes soient destinés à bien s'accorder sur tous les plans de l'amitié, comme du travail.

*Capricorne et Balance* : Un signe de Terre et un signe d'Air; un signe féminin et un signe masculin; un signe sérieux, contracté, droit, d'esprit analytique, et un signe féminin, primesautier, extraverti, fantaisiste, et doué de l'esprit de synthèse, peuvent s'accorder en y mettant de la bonne volonté.

*Capricorne et Scorpion* : Il est toujours dangereux de heurter deux carapaces. Le Capricorne a une coquille sur la partie postérieure de son corps, le Scorpion une carapace. Le dialogue risque d'être limité par le fait que l'un et l'autre sont prudents et réservés. L'amitié entre eux sera difficile et risquée.

*Capricorne et Sagittaire* : Peu de points communs entre ces signes : le Feu et la Terre n'ont que peu de rapports entre eux. Le dialogue risque d'être un dialogue de sourds. Le jupitérien peut ne pas apprécier à sa valeur le Saturnien qui, de son côté, peut ne pas apprécier le style du premier.

*Capricorne et Verseau* : Le Verseau apprécie à peu près tous les styles. Il appréciera aussi le Capricorne. De son côté, le Capricorne peut rester indifférent au Verseau, ou lui accorder son estime.

*Capricorne et Poissons* : Bonne entente, dialogue intéressant; les Poissons s'intéressent avec sentiment, ou, au contraire, planent et rêvent. Le Capricorne contemple cet être proche de lui et pourtant insaisissable, et sourit.

Il faut noter cependant que ces croquis ne peuvent donner qu'une idée approximative des rapports entre les natifs des signes. On peut les rendre pratiquement utiles en les appliquant aux cas particuliers : quelle hiérarchie existe entre eux ? Quel rapport professionnel ? La caractérologie astrologique et un point de départ très sûr; toutes les fois que nous l'avons expérimentée elle nous a satisfaits.

## Le Capricorne et l'amour

Lorsque le temps des amours s'annonce, chacun se sent irrésistiblement poussé vers un être du sexe opposé; les expériences les plus diverses animent cette période, on se cherche, on fait quelques tentatives et, sans informations, comme c'est le cas général, on commet des erreurs. C'est en vue d'éviter de tels égarements qu'il est utile de définir la position des natifs d'un signe devant l'amour.

Comment réagit le natif du Capricorne face à l'amour et qui aime-t-il ?

Astrologiquement parlant, le natif du Capricorne n'a aucune tendance à être amoureux.

Saturne a son domicile dans le signe du Capricorne, et Saturne est une planète restrictive qui ne favorise certainement pas les épanchements tendres des amoureux; d'autre part, les planètes les plus favorables à l'amour, à la tendresse, Vénus et la Lune, sont en position défavorisée; la Lune, notamment, y est « en exil », c'est-à-dire qu'elle y a peu ou pas d'influence.

Le Capricorne est donc un être de patience, estimant que « le temps ne respecte pas ce qui est fait sans lui », mais qui ne peut pas appliquer à la vie amoureuse les qualités qui sont les siennes; il peut souhaiter se faire aimer, mais intellectuellement et parce qu'il est entraîné par l'exemple des autres et trouve normal de fonder un foyer; ou encore, il peut se marier pour réparer une erreur et parce que d'amours physiques et passagères un enfant est né

La Table noire, *par Henri Matisse, 1919 (coll. privée, Berne)*

que sa conscience refuse de laisser seul aux bras d'une mère peut-être désemparée.

Il n'est donc pas instinctivement incliné à l'amour. Seule, l'influence d'un signe ascendant modifiera cet état de base.

La coquille dans laquelle le Capricorne symbolique cache la moitié inférieure de son corps est significative. Sur le plan physiologique, il refuse les mouvements instinctifs; il n'accepte que les mouvements de l'esprit et ceux du cœur; s'il aime, ce sera intellectuellement, peut-être moralement, mais sans émotion et surtout sans attirance physique. Les natifs du Capricorne s'accommodent très bien de vivre seuls.

## Le Capricorne et la sexualité

A côté de cette aspiration au bonheur qui mêle à un commencement de désir physique une grande masse d'affectivité et d'émotivité, il reste au Capricorne un terrain où il pourrait s'engager, et c'est la sexualité.

Physiquement, il n'y a aucun motif qui puisse empêcher le natif du Capricorne d'éprouver le désir physique de l'être du sexe opposé. Comme chez tout être appelé à se reproduire, la sexualité parle en lui. Mais il préférerait refouler ses instincts. Il le fera certainement sous un ascendant Vierge, par exemple, un refoulement s'additionnant avec un autre. Mais sous les autres influences, il fera comme tout le monde ses expériences.

Selon les partenaires qu'il rencontrera, le Capricorne modifiera son point de vue ou le gardera; il est possible qu'il rencontre justement l'être qui déclenchera chez lui un renversement des tendances; alors, tout ce qu'il retenait de sensualité, de puissance sexuelle, d'affectivité, d'amour, se libérera d'un coup. On se trouve, dans un tel cas, devant un être simple, droit et pur, qui aime d'une manière absolue, et qui est prêt à se laisser berner uniquement parce qu'il a perdu ses défenses. Dans cet élan qui le transforme, il ne va plus se contrôler. Les pires erreurs le guettent, et des engagements qui vont gâcher le reste de sa vie.

Le natif du Capricorne peut passer en un instant de l'inhibition à la frénésie, de l'indifférence à l'ardeur brûlante, de la pudeur à un excès d'érotisme, à peu près sans transition. Amant passionné à ses heures, l'homme du Capricorne pourra, le reste du temps, demeurer froid et simplement d'une courtoisie indifférente.

### L'homme du Capricorne devant le mariage

Lorsqu'il décide de se marier, ce qu'il fait assez tard dans sa vie, l'homme du Capricorne recherche de préférence une femme plus âgée que lui, parce qu'il espère qu'elle sera raisonnable et tranquille; il l'épouse pour avoir, à son foyer, une présence affectueuse, sereine, prévenante et... silencieuse. Il le fait aussi parce qu'il a l'ambition d'affermir sa situation sociale et qu'une bonne maîtresse de maison apporte un régime à la fois économique et confortable.

Il attend du mariage la sécurité morale, l'assurance d'un repos vespéral parfait, dans le silence et la quasi-immobilité, se livrant à des occupations reposantes et propres à le détendre : lecture d'un bon livre, méditation, audition d'une musique simple, facile et pleine d'apaisement, etc.

Il n'aime pas les réceptions, les dîners d'amis, les sorties. Il ne sait pas y briller et il y reste parfois silencieux.

En contrepartie de cet aspect un peu sévère de la vie conjugale, l'homme du Capricorne apporte à son épouse une grande stabilité, une sécurité, une fidélité qui sont souvent très désirées par les femmes.

## Madame Capricorne devant l'amour

Elle est aussi réticente que monsieur Capricorne devant le problème d'une aventure amoureuse, et plus encore face au mariage. Que se passe-t-il dans sa pensée ? Que craint-elle ?

La disposition des planètes dans le ciel d'une native du Capricorne peut aggraver encore cette attitude expectative, lente et retenue; c'est le cas, par exemple, s'il y a une dissonance de Saturne avec la Lune ou avec Vénus. La première étant la planète de la féminité, la seconde celle de la beauté et de l'amour.

Madame Capricorne fait preuve de retenue, n'a pas de caprices, reste posée, logique et rationnelle, se contrôlant parfaitement.

Dans la hiérarchie des valeurs que, sciemment ou instinctivement, nous nous constituons en nous-mêmes et qui nous aide à prendre nos décisions, l'amour et le mariage n'ont pas le premier rôle chez la femme du Capricorne; c'est sa carrière, c'est-à-dire ce qui lui permet de rester indépendante, qui occupe cette place privilégiée. On peut affirmer que le rôle de maîtresse de maison et de mère de famille n'est pas au premier rang de ses préoccupations.

Si son destin est de se marier assez tôt, soit par impulsion personnelle, soit poussée par sa famille, ce qui arrive encore aujourd'hui, elle peut transférer ses ambitions professionnelles sur la personne de son mari; elle ne sera jamais une épouse très amoureuse ni très passionnée, mais elle aidera de son mieux son mari à réussir et à se faire une bonne situation. C'est sa façon à elle d'aimer.

## Conseils aux hommes concernant madame Capricorne

Comme vous venez de le voir, ce n'est pas sur une

amoureuse passionnée que vous devez compter en vous unissant à madame Capricorne.

C'est à vous, Monsieur, de savoir ce qui contrarie madame Capricorne et freine ses élans.

D'abord, il y a une certaine crainte de la souffrance; elle voudrait peut-être se laisser aller à vous aimer, mais elle a pu avoir des déceptions, elle peut se trouver envahie de crainte et d'appréhension à l'idée que, dès qu'elle se sera entièrement lancée dans l'aventure amoureuse, comme on se jette à l'eau, vous la quitterez ou vous la ferez souffrir; alors, elle se refuse à devenir amoureuse.

Dès que vous devinez cette sorte de réticence, vous devez chercher dans votre cœur l'inspiration qui vous dictera les mots qu'il faut pour lui donner confiance; tentez de démontrer irréfutablement l'absurdité et le manque de fondement de sa peur; mais surtout ne la raillez pas, car elle ferait un pas en arrière.

Et puis, il y a le sentiment de n'avoir pas assez de valeur personnelle : « Je ne suis pas aussi bien que tu le prétends, je ne mérite pas d'être aimée. »

A cette sorte de raisonnement, vous pouvez tenter de lui démontrer qu'elle est aussi digne d'être aimée que bien d'autres; vous pouvez surtout lui expliquer les motivations de votre propre sentiment, ce qui vous attire en elle, les satisfactions que vous trouvez dans vos relations et qui ont éveillé, puis qui entretiennent en vous cet amour auquel elle doit croire.

D'autre part, une fois l'union réalisée, il reste un risque de rupture, en s'absorbant dans d'autres occupations, en ayant d'autres ambitions, elle peut découvrir que l'amour, même le vôtre, n'est pas tout et, peu à peu, s'éloigner affectivement de vous. C'est donc dès les premiers temps de votre union que vous devrez faire en sorte qu'elle ait un travail hors de la maison.

*Paul Cézanne*, Autoportrait, *1880*
*(musée des Beaux-Arts, Berne).*

### Conseils aux femmes concernant monsieur Capricorne

On vous dira que monsieur Capricorne est froid, sobre, taciturne et peu enclin au flirt. N'en croyez rien.

Monsieur Capricorne n'est pas aussi simple que cela. Sa réalité est infiniment plus nuancée.

En fait, il tient peu à l'amour, mais il apprécie le mariage. Il n'aime pas se laisser aller à extérioriser ses sentiments ou ses sensations; alors, il les dissimule sous un masque qu'il se compose. Il sera, quand il faut, gai, enjoué, sportif, rieur, dynamique, tranquille, intellectuel ou intéressé par son métier. En fait, il est possible qu'il soit tout simplement ému par vous.

Comme il veut rester très maître de soi en amour, il lui arrive parfois d'adopter une attitude quelque peu artificielle. Mais dans le tête-à-tête, il va se livrer. Il peut alors jeter le masque; il est tellement heureux de pouvoir faire l'amour, qu'il exulte, il éclate de bonheur et, à votre grande surprise, car vous avez beau être prévenue, vous ne vous y attendiez plus, il devient extrêmement érotique. Vous aurez des heures brûlantes ensemble. Et puis, c'est l'instant de se séparer, et il s'en va après avoir revêtu sa carapace d'indifférence.

Si vous l'épousez, ne vous attendez pas à une fête quotidienne. Vous aurez surtout de longues, très longues soirées muettes, où il ne fera rien, ne parlera pas, se contentera d'être tout juste poli avec vous, plissera le front si les enfants font du bruit et ira dormir comme une souche.

– Je suis fatigué, dira-t-il.

Il est comme cela, il faudra vous y faire...

Il a aussi de grandes qualités. D'abord, ce qui n'est pas pour déplaire à une épouse, il gagne bien sa vie. Il a du flair et le besoin d'amasser, de compter; il n'est jamais dépourvu d'argent. Faites-lui confiance. Il assurera votre avenir et celui de vos enfants.

Il est doté d'une conscience démesurée; ce n'est rien de dire qu'il est loyal, il l'est au-delà de toute expression. Il déteste l'inefficacité, les bavardages superficiels, les phrases inutiles, le désordre et l'inexactitude; malheureusement, comme tout le monde peut, une fois ou l'autre, montrer une petite pointe d'un de ces défauts, il en profite pour le souligner et se montrer profondément ulcéré.

Pour le conquérir, il faut s'efforcer d'avoir l'air d'une personne organisée, efficiente, se dispersant peu, exprimant des idées intelligentes et utiles et ne parlant jamais pour ne rien dire. Ce que, malheureusement, nous autres femmes, nous faisons avec un grand plaisir, presque physique.

Il peut être un bon mari, mais il est toujours un mari exigeant. Pour le garder, il faut savoir se taire et surtout savoir supporter qu'il se taise. Ses silences ne sont pas hostiles, mais ils sont pesants et longs, très longs.

Parfois vous vous demandez pourquoi il s'est marié, car il a vraiment l'air de s'ennuyer à la maison.

Soyez à la fois une femme intelligente, capable de comprendre tout ce qui concerne son travail, un cordon-bleu qui puisse lui rendre la vie matérielle confortable par de bons repas.

Enfin, pour le garder, sachez tout sur l'amour, la sexualité et sur les moyens de rendre un homme aussi sensuel que lui, fou de passion pour vous. Mettez-le hors de lui, et vous le découvrirez enfin.

Ainsi, pourrez-vous apprivoiser cet animal étrange, mi-chèvre, mi-poisson...

L'homme et la femme du Capricorne ont, naturellement, vis-à-vis des natifs des autres signes des différences de réactions, de penchants, de comportement, qu'il est utile de connaître.

S'il est question d'amour passion, aventure éclatée soudainement comme un coup de tonnerre, vous n'avez pas besoin de trop approfondir les pages qui suivent. Mais si votre projet est d'épouser un Capricorne, alors soyez prudents et lisez avec beaucoup de soin les indications qui sont données ici. Pour fonder un foyer, il faut réellement bien connaître son partenaire; or, on ne connaît jamais bien un Capricorne, sinon à travers des expériences qui ne sont pas toujours sans peine, ni sans douleurs.

C'est ce qu'on peut éviter avec l'aide de l'Astrologie, comme vous allez le voir dans le chapitre suivant.

Capricornus ad occasum spectans ⁊ totus in zodiaco circulo deformatus: cauda ⁊ toto corpore medius diuiditur ab hyemali circulo: suppositus Aquarij manui sinistre. Occidit autem p̄ceps: exoritur autem directus. Sed habet stellam in naso vnam. Infra ceruicem vnam. In pectore duas. In priore pede vnã. In priore eodem alteram. In interscapilio habet stellas septem. In ventre septem. In cauda duas. Et est omnino stellarum .xxij.

Le Mois de décembre, *par Lebrun, XVII^e^ siècle.*

# Chapitre II

# Madame et monsieur Capricorne dans la vie conjugale

Toutes les jeunes filles souhaitent faire un mariage heureux, même celles qui sont nées sous le signe du Capricorne, dont on dit qu'il incline à une vie sévère, rude, vertueuse et... sans homme.

Tous les garçons sont sensibles au charme féminin, même les garçons nés sous le signe du Capricorne, dont on dit que leur ambition passe bien avant l'amour et le foyer.

Ne croyez pas les propos qui généralisent à l'excès ; les natifs du Capricorne sont comme les autres jeunes gens, et leur ardeur à vivre se manifeste aussi. Mais il faut quand même s'efforcer de savoir quelle est la meilleure attitude pour que l'amour dure, pour que les menues discussions soient sans importance, pour qu'une vie commune soit une source de joies plus que de tourments.

C'est dans ce but qu'on étudiera ici l'attitude des natifs du Capricorne, hommes et femmes, devant les natifs, hommes et femmes, des autres signes.

### Madame Capricorne devant monsieur Capricorne

Vous serez deux ambitieux alliés pour le meilleur et pour le plus ardu.

Ne vous attendez pas à ce qu'il pense exactement comme vous, chère Capricorne, mais vos différends ne seront pas graves. Sur une ligne générale, vous vous accorderez bien.

Les seules différences entre vous vous viendront de vos signes ascendants.

L'un et l'autre, vous croyez à l'importance primordiale du travail ; c'est un fait. Ainsi aurez-vous l'assurance de ne pas devoir vous irriter en contemplant un homme en train de chercher les solutions faciles, esquivant les problèmes et les efforts : ce ne sera certainement pas le cas de monsieur Capricorne.

Ensemble, vous aurez éprouvé les sensations inouïes que vous procurent à l'un comme à l'autre les relations sexuelles et vous saurez comment entretenir en vous cette flamme. Sur ce point vous serez apte à retenir monsieur Capricorne près de vous; il n'en sera que plus heureux.

Aimant, comme lui, les méditations silencieuses, vous saurez lui ménager ces oasis de calme muet qui sont les instants où il recharge ses batteries.

Il est d'un naturel peu expansif en dehors de sa sexualité, et vous le savez, car vous êtes ainsi.

Sachant qu'en dehors de ses silences récupérateurs il est un bon vivant, vous aurez le talent de le décider à sortir les dimanches et jours fériés, surtout si vous avez des enfants ; un peu d'exercice au grand air lui plaira beaucoup, et il appréciera que, sur la route du retour, vous puissiez vous arrêter dans quelque restaurant campagnard pour un dîner classique, réparateur et sain, avant de vous retrouver à la maison. Il sera content si vous n'avez pas mille travaux plus ou moins fastidieux à terminer avant de vous coucher : il reste un amoureux empressé, il faut que vous veniez le rejoindre et, en vous blottissant dans ses bras, vous lui redirez encore votre admiration ; il fait partie des hommes qui considèrent les femmes comme leur chose ; soyez-le ou faites semblant de l'être.

Ne vous froissez pas si vous l'entendez répéter mille et une fois que les femmes ne sont pas aussi bonnes, aussi fortes, aussi intelligentes, aussi raisonnables que les hommes. C'est comme une manie chez lui ; espérons qu'il ne le pense pas, ou bien qu'il fait pour vous une exception.

– C'est parce que tu es cette exception que je t'ai épousée, aimera-t-il vous dire.

Imaginez-vous que c'est vrai.

## Monsieur Capricorne devant madame Capricorne

Le Capricorne a le Taureau en Maison V. Pourquoi nous intéressons-nous à sa Maison V ? Parce que c'est celle qui concerne le domaine de la sexualité et de l'amour.

Monsieur Capricorne est possessif ; mais il est émotif, et par là vulnérable. Persuadé que le temps travaille pour lui, il est persévérant; et sérieux ! Mortellement sérieux, en matière sexuelle ! Pour lui, la sexualité se place au premier rang, et il en a besoin comme d'autres de boire et de manger.

Il se sent un instinct protecteur.

Madame Capricorne a autant de dispositions que lui pour l'amour, mais elle désire se sentir protégée.

Lorsque monsieur Capricorne est uni à madame Capricorne, l'un et l'autre désirent prendre les initiatives. Elle se met à avoir de l'ambition pour son mari et souhaite lui donner des directives ; lui sait très bien ce qu'il veut et ne pense pas avoir besoin de conseils. Il faut tout de suite éviter les heurts, car des discussions entre deux Capricorne pourraient être graves, bien que peu bruyantes.

## Madame Capricorne devant monsieur Bélier

C'est peut-être en faisant une bonne équipe de travail que monsieur Bélier et madame Capricorne deviendront amoureux.

Monsieur Bélier étant tout feu tout flammes, madame Capricorne devra veiller à suivre le mouvement. Il est évidemment charmant de se faire un peu prier, mais cela ne peut pas se renouveler perpétuellement ; il faut bien que madame Capricorne accepte de reconnaître qu'elle aime faire l'amour.

Les périodes de silence et d'humeur pas trop souriante qui jalonnent la vie de madame Capricorne vont certainement surprendre monsieur Bélier ; mais il passera sur ce détail, n'aimant pas trop approfondir les états d'âme. Puisqu'elle lui revient ensuite comme avant, il la laissera faire. C'est à madame Capricorne de ne pas abuser de ce petit jeu, car la patience n'est pas une qualité essentielle chez un Bélier.

Monsieur Bélier est un pionnier dans l'âme. Il adore les découvertes et les innovations. Il y a peu d'innovations en amour, mais il reste les découvertes, qu'il appréciera si madame Capricorne accepte de faire les expériences qu'il lui suggère.

Sur le plan physique, il y aura beaucoup de chances qu'ils s'accordent.

Sur le plan des relations sociales, monsieur Bélier est tout disposé à bien accueillir les amis de madame Capricorne. Sera-t-elle aussi conciliante en ce qui concerne les amies de monsieur Bélier ? Elle se doute bien qu'elles lui ont fait les doux yeux et suppose qu'il y a eu quelques essais; il faut qu'elle pense toujours que, puisque c'est elle qu'il a choisie, c'est qu'il la préfère, et que, par conséquent, elle peut les accueillir, comme une reine accueille les dames de sa cour...

Mais monsieur Bélier semble souhaiter être fidèle à sa chère Capricorne ; elle doit par conséquent lui faire confiance, car il est loyal, et rester calme et sereine devant les réunions un peu agitées.

Elle n'aime certes pas perdre son temps dans ces plaisirs superficiels que sont les réunions entre amis plus ou moins sincères ; mais monsieur Bélier est un être qui aime demeurer actif, vif, au courant de tout, et toujours prêt à quelque invention. On ne saurait lui reprocher d'être taciturne.

Les bouderies et les réprobations devront être

---

*Carte d'un jeu de tarot.*

5 Droit
VOYAGE
Droit 5
L'HOMME ET LES QUADRUPÈDES
L'HOMME ET LES QUADRUPÈDES
5 Renversé
TERRE
Renversé 5

dissimulés ; que madame Capricorne place sur ses traits le masque de la réserve courtoise, si les amis l'ennuient, et qu'elle les laisse parler si elle préfère se taire. Il y a toujours quelqu'un pour meubler le silence qui menace de s'installer.

### Monsieur Capricorne devant madame Bélier

Le Bélier habite, chez le Capricorne, la Maison relative aux projets d'avenir. Sa présence est rassurante.

Monsieur Capricorne sera donc bien inspiré en unissant sa vie à celle de madame Bélier. Ce qu'il doit savoir c'est que, même si madame Bélier a l'air primesautier, c'est une personne avec laquelle il ne convient pas de se contenter d'une « expérience ». Elle tient à ce qu'un engagement soit réel, loyal et pour la vie.

Les planètes du Capricorne, Saturne, et du Bélier, Mars, ne s'accordent pas très bien ; Mars précipite les choses dans une note agressive, Saturne les retarde d'un air mélancolique et froid. Mais chez les humains, les règles sont souples et les influences se tempèrent de mille circonstances.

Entre monsieur Capricorne et madame Bélier, il y aura une attirance certaine mais non sans problème.

Dans la conduite fougueuse de madame Bélier, la présence sage et tranquille d'un monsieur Capricorne protecteur et rassurant mettra de la sagesse et de la sérénité.

Leur union peut se révéler heureuse après que leurs caractères se sont adaptés l'un à l'autre.

### Madame Capricorne devant monsieur Taureau

Dès que madame Capricorne parlera d'épouser monsieur Taureau, tout son entourage la félicitera, car il est charmant, délicat, raisonnable, ambitieux, et traditionaliste. Il sait ce qu'il veut, il sait comment il fera pour l'obtenir. Il sait qu'il doit assurer une existence confortable à la femme qu'il aime et il le fera.

Il sera ravi d'avoir une femme qui met une certaine gravité dans ses devoirs de maîtresse de maison, car il aime son foyer. Il appréciera un peu d'humour. Gourmet, il s'étonnera du peu de goût de sa femme pour les plaisirs de la table, mais il lui apprendra lui-même, s'il le faut, les bonnes recettes et la tentera en la conduisant dans des restaurants où la cuisine est particulièrement délicate.

Monsieur Taureau n'aime pas que l'on soit pudique, introverti et compliqué ; il cherchera à supprimer chez madame Capricorne ces tendances. Il faut qu'elle accepte les phrases un peu mièvres qu'il aime dans les dialogues amoureux et qu'elle les lui redise. Il sera affectueux et tendre, à force d'attentions et de délicatesse, il supprimera tous les complexes dont souffre madame Capricorne.

Monsieur Taureau aime se reposer; il apprécie aussi les boissons agréables, les disques de belle musique, les tableaux, les livres. Il est travailleur, mais assez épicurien pour s'arrêter avant d'être trop fatigué. Il souhaitera que madame Capricorne vienne se reposer avec lui ; il ne la voudra pas trop économe : c'est lui qui se charge du budget.

Il a un défaut, sa grande jalousie.

On se demande si madame Capricorne, avec le caractère qu'on lui connaît, peut donner prise à sa jalousie : justement ; il ne sait que trop à quel point elle peut être sensuelle et puisqu'il est l'artisan de son épanouissement, il peut craindre qu'elle n'y prenne tellement goût qu'elle soit tentée de faire quelques expériences extra-conjugales. Il faut qu'elle évite comme le feu tout ce qui peut exciter la jalousie de son époux ! Monsieur Taureau ne se fâche que dans ce cas, mais il se fâche très fort ! Et ses colères sont spectaculaires.

D'ailleurs, monsieur Taureau sera même jaloux de l'affection que madame Capricorne pourra garder à ses parents, ou accorder à ses enfants ; il serait jaloux du chat et du canari, s'ils étaient aimés.

Élégante, mais strictement fidèle, telle sera pour son Taureau une Capricorne sensée.

## Monsieur Capricorne devant madame Taureau

C'est une exaltation des forces créatrices qu'une union entre monsieur Capricorne et madame Taureau.

Ces deux signes sont faits pour s'entendre ; de plus, le caractère du Capricorne convient davantage à une personnalité masculine, tandis que les dames Taureau sont artistes, amoureuses du confort, traits qui ajoutent à leur féminité.

Il suffit que monsieur Capricorne soit en présence de madame Taureau pour que toutes ses réticences disparaissent et qu'il éprouve le désir de communiquer.

Fini, les heures de silence inexpliqué; s'il a besoin de répit, il saura le dire.

Le signe du Taureau influence chez le Capricorne les questions relatives à l'amour, au romanesque, mais aussi aux enfants, à tous les efforts créateurs. Madame Taureau incitera donc monsieur Capricorne à opter pour un métier de création, et, comme elle aime les arts, ce sera peut-être un métier d'art.

Ensemble, ils auront le plaisir de suivre les progrès de leur entreprise commune, ou bien elle aidera son mari à réussir dans son métier ; toujours est-il que l'argent viendra se ranger tout seul dans leur coffre et que leur union aura tout ce qu'il faut pout être une réussite certaine sur tous les plans.

## Madame Capricorne devant monsieur Gémeaux

Il n'y a rien chez un Gémeaux qui puisse attirer une dame Capricorne. Il est léger, extériorisé, volubile, tandis qu'elle est immobile, silencieuse, sombrement passionnée et mystérieuse sous une apparence sévère.

Mais les hasards de l'amour sont grands et monsieur Gémeaux peut fort bien arriver dans la vie de madame Capricorne au moment où elle est entraînée par la nature même à tomber amoureuse.

Madame Capricorne, dès qu'elle aime monsieur Gémeaux se pose une question : intellectuel et remuant, sera-t-il un soutien efficace et constant ? Mais monsieur Gémeaux a un autre point de vue. Il ne songe même pas à la bague de fiançailles ; pour lui, l'instant seul compte ; demain, il sera peut-être loin.

Pour leur bonheur à tous deux, il faudrait que madame Capricorne s'enfuie dès qu'elle verra monsieur Gémeaux fermer les yeux devant la première difficulté qui se présentera. Il faudrait que monsieur Gémeaux s'échappe définitivement la première fois que sa fantaisie se heurtera à l'esprit méthodique de madame Capricorne. S'ils ne le font pas, ils prendront l'habitude de vivre ensemble et les tiraillements dureront toute leur vie.

On ne peut vraiment pas dire qu'ils soient faits l'un pour l'autre.

Lorsqu'il reviendra avec sa vanité blessée et saignante, il gémira et madame Capricorne devra le rassurer, panser ses plaies et le remettre en bon état. Elle le fera parce qu'elle est consciencieuse, mais en sachant que, sitôt rétabli, il s'enfuira pour revenir encore dès qu'il aura d'autres peines.

Mais qui songera aux peines et aux blessures de madame Capricorne ? Elle n'y pensera même pas elle-même, car son Gémeaux lui apprendra à s'intéresser à mille choses, à des problèmes intellectuels, à des thèses de sociologie, à des innovations littéraires, et tant d'autres informations ! La vie passera très vite.

Il apportera à madame Capricorne une bienfaisante diversion et elle ne cessera de penser à son confort et à son bonheur. Ils parviendront, dans leur évolution, à former un couple assez exceptionnel, mais non sans peine.

## Monsieur Capricorne devant madame Gémeaux

C'est dans un climat de travail que se déroulera l'union de monsieur Capricorne avec madame Gémeaux. La planète des Gémeaux, Mercure, en s'unissant à la planète du Capricorne, Saturne, apporte de la discipline, de la détermination dans les activités professionnelles, ce qui permet de cheminer facilement vers la réussite.

Les énergies de l'un et de l'autre vont se trouver canalisées dans une même direction. En effet, si le signe le plus ferme, le plus dur est celui de l'homme, le couple trouve plus facilement sa voie que dans la situation inverse. Ici, le signe des Gémeaux apporte à ses natifs beaucoup de charme, mais peu de force réelle ; un Gémeaux ne peut pas être consiséré comme un appui solide, mais un Capricorne n'a pas besoin d'appui ; il est ferme, il est sobre, il est laborieux et il sait gagner de l'argent.

Les protégés de Mercure savent aussi en gagner et ces deux capacités réunies vont conduire le couple vers le succès.

Saturne tend à dominer Mercure et c'est très bien ainsi.

## Madame Capricorne devant monsieur Cancer

Monsieur Cancer est un être si étrange, secret, mystérieux et divers que madame Capricorne prendra un grand plaisir à explorer cette âme pour elle bien inattendue.

Quant à lui, délicat, tendre, sentimental, il retrouvera, près d'une personne aussi forte, aussi volontaire, aussi concentrée, aussi énergique que madame Capricorne, le bien-être qu'il éprouvait lorsqu'il était près de sa mère et lorsque, jeune homme, il revenait de temps à autre la voir. Car monsieur Cancer demeure définitivement attaché à sa mère et à sa maison natale.

Monsieur Cancer sait qu'il peut lui faire confiance et qu'elle a assez d'envergure pour lui créer un intérieur agréable et bien enveloppant dans quelque condition qu'il se trouve. Ce qu'il ne sait pas, c'est que madame Capricorne n'a pas l'intention d'être la protectrice d'un mari fragile et affectivement délicat ; madame Capricorne voudrait bien que le charmant garçon qui a si bien su lui parler soit, à l'avenir, le protecteur de sa femme et de son foyer et non un enfant de plus à dorloter.

Elle va se trouver devant un homme relativement solide, actif, résistant, mais auquel le rôle d'homme superbe et dominateur, régentant sa femme et son foyer, ne convient pas particulièrement.

Il sera plein de bonne volonté et s'efforcera de vous comprendre ; il y réussira, car il est bon et plein de finesse ; parfois vous serez un peu lasse de toujours devoir épargner son extrême sensibilité d'écorché vif ou, au contraire de vous heurter à sa carapace rigide du vrai crabe qu'il est.

Ils sont différents à un point tel qu'ils risquent bien de ne jamais s'ennuyer, puisqu'ils vont passer leur vie à se déchiffrer mutuellement. Il sera en admiration devant la profondeur de madame Capricorne qui, de son côté, s'étonnera de ses changements d'humeur « lunatiques ». Car Saturne et la Lune font ensemble une étrange association.

Cependant un lien très solide les unira très vite :

leur amour commun pour leur foyer et pour leurs enfants. Là sera la véritable base de leur union et leur sens commun des responsabilités servira à cimenter fortement leur couple.

Leur amour ne sera pas parfait et, en tête-à-tête, ils se trouveront souvent comme des étrangers ; cependant, les gestes charmants et désintéressés de monsieur Cancer sauront toujours apaiser madame Capricorne et lui confirmeront qu'elle est heureuse.

**Monsieur Capricorne devant madame Cancer**

Lorsque monsieur Capricorne a rencontré madame Cancer, il a tout de suite compris que, pour lui qui est un homme fort, elle serait une épouse tendre, bien que n'étant pas moins compliquée que lui.

Les signes du Cancer et du Capricorne sont diamétralement opposés; mais il existe entre eux une certaine attirance. Précisons cependant que la Lune, qui gouverne le Cancer est en exil dans le Capricorne, donc elle n'y est pas influente ; tandis que Saturne, planète du Capricorne est en exil dans le Cancer. Mais cette opposition est si parfaite que l'un et l'autre se complètent et comme le signe du Capricorne tend à donner un caractère plus énergique, en général, que le signe du Cancer qui donne davantage sa tendresse, il se trouve que dans le couple où l'homme est Capricorne, si la femme est Cancer, tout va parfaitement bien selon la logique de nos sociétés où c'est de préférence l'homme qui exerce l'autorité de chef au foyer conjugal.

Ces deux signes ont beaucoup en commun et beaucoup à découvrir l'un chez l'autre. Ils formeront certainement un couple intéressant, vivant, actif, et très uni, surtout dans leur amour du foyer et des enfants.

---

L'Hiver, *par Paul Cézanne, 1860 (musée du Petit-Palais).*

## Madame Capricorne devant monsieur Lion

Madame Capricorne, qui est une créature très réservée et peu expansive, sera certainement conquise par les airs triomphants de monsieur Lion, qui porte un soleil brûlant à la place du cœur.

Elle sera surprise de s'entendre proposer par monsieur Lion une destinée exceptionnelle, en paroles émouvantes et dans un style prestigieux. C'est toujours ainsi qu'agit monsieur Lion : avec panache et brio.

Madame Capricorne croira rêver car elle pénétrera dans l'univers d'un homme entouré d'amis en admiration devant lui, et ayant l'air de passer leur vie à s'amuser follement. Madame Capricorne n'appréciera pas cet état d'esprit, mais, dans sa surprise, elle n'osera rien en dire. Elle constatera, plus tard, que monsieur Lion sait aussi travailler et assumer ses responsabilités, mais tout cela se passe d'une manière bruyante et brillante, comme sur une scène de théâtre.

Le mariage est toujours une expérience ; celui de madame Capricorne épousant monsieur Lion en sera une à laquelle elle ne s'attendait pas. Elle se sentira aimée généreusement, avec confiance et avec des démonstrations royales. Monsieur Lion n'hésite pas à dépenser des sommes folles pour manifester son amour à sa chère Capricorne ; et, seconde surprise, il sait gagner lui-même cet argent.

Madame Capricorne, sous sa demi-carapace, dispose d'une sexualité intense et monsieur Lion ne sera pas déçu, si elle, de son côté, doit être parfois surprise de ses élans désordonnés.

Il sera exigeant sur le chic et la toilette de madame Capricorne et si elle résiste à s'accorder une grande élégance, monsieur Lion sera furieux et le lui dira, puis il sera si triste qu'elle ne pourra que se plier à sa fantaisie.

Ces explosions, ces crises d'humeur noire n'entameront pas leur union et celle-ci durera parce que leurs

*Gravure sur bois du XVI^e^ siècle.*

natures se complètent merveilleusement. Monsieur Lion, qui doit chaque jour reprendre sa femme comme une citadelle, sera heureux de ses victoires quotidiennes; de son côté, madame Capricorne, étonnée, mais au fond infiniment charmée, se verra obligée d'abandonner sa mauvaise humeur, car on ne peut pas rester triste et silencieux devant ce roi-soleil qui illumine toutes choses de son rayonnement joyeux, vivant orgueilleux, généreux, bruyant et fièrement ignorant de tout de ce qui rappelle la simplicité, la réserve et la discrétion.

**Monsieur Capricorne devant madame Lion**

La planète de madame Lion est le Soleil ; celle de monsieur Capricorne est Saturne. L'union de ces deux planètes donne à tout ce qui concerne le couple une portée universelle. Ensemble, ils ne pourront que faire des projets vastes et passionnants. Monsieur Capricorne aura, avec la brillante et très admirée madame Lion une existence dont il s'étonnera parfois ; elle apportera tant de changements dans sa vie qu'il n'aura jamais le temps de s'étonner assez.

Avec madame Lion, monsieur Capricorne sera loin de son état d'esprit habituel ; il n'aura même plus le temps de s'arrêter, le soir, pour demeurer silencieux dans son fauteuil sous prétexte de se reposer. Se repose-t-on, avec madame Lion ?

Prévenante, adorable, passionnée, elle sera toujours prête à redire combien elle aime son cher Capricorne et à lui faire des cadeaux qui le toucheront jusqu'au fond de l'âme. Cette présence d'une dame Lion dans la vie d'un Capricorne est tellement bouleversante qu'il en sera changé jusque dans son physique. Quel étonnement, chez les amis de madame Lion, que de lui voir ce mari sobre et secret ! Mais ils sauront l'entraîner avec eux et mettre un peu de brillant dans son existence.

## Madame Capricorne devant monsieur Vierge

Ni madame Capricorne, ni monsieur Vierge ne sont des gens qui songent d'abord à l'amour. Ils sont, l'un et l'autre, de nature sévère, sobre, réservée, secrète, peu bruyante. Le premier sentiment qui les unira pourrait porter un tout autre nom que l'amour, car ils n'échangeront pas de brûlantes déclarations, mais parleront gentiment et calmement de ce qui les intéresse, de ce qui les occupe et probablement de leur travail et de leurs idées sur la littérature, la philosophie et la vie en général. A ce degré de leurs confidences, peut-être un ange passera-t-il, provoquant un silence bourré d'étincelles, et ce sera une révélation strictement intérieure et individuelle, deux éblouissements séparés ; ils ne tomberont pas dans les bras l'un de l'autre ; ils auront plutot tendance à se regarder dans les yeux en rougissant.

Astrologiquement, un seul lien entre eux ; ils sont tous deux d'un signe de Terre.

De ces deux époux, chacun cherchera toujours avec beaucoup de zèle et de conscience à rendre l'autre heureux ; comment ne pas y réussir ?

Ce couple presque trop bien organisé court un risque : celui de vivre en circuit fermé. En effet, ils ne tiennent pas à des relations amicales avec d'autres personnes. Ils aiment le calme, le silence, la solitude et une sereine économie de gestes. N'est-ce pas là la marque d'une réserve excessive qui risque de les tenir trop éloignés du milieu social environnant?

Leur chance sera d'avoir des enfants qui apporteront une attitude différente; sinon, il faudra que, de propos délibéré et dans l'intention consciente de modifier leur commun état d'esprit, ils décident de se forcer à sortir et à voir des gens différents afin de ne pas s'enliser ou se scléroser dans un cercle fermé d'idées inchangées qu'ils vont ressasser jusqu'à la fin de leurs jours.

Tout deux travailleurs et très capables dans la

*La constellation du Cocher. Atlas du début du XIX^e^ siècle.*

profession qu'ils ont choisie, ils se doivent de se tenir au courant de la vie extérieure et de se distraire par des propos plus légers que les leurs, afin de conserver un parfait équilibre intellectuel et mental.

Ces réserves faites, ils formeront un couple qui aura toutes les chances de mener une existence exempte de graves soucis.

### Monsieur Capricorne devant madame Vierge

La Vierge influence la partie de la vie du Capricorne concernant les voyages, les publications, les communications, la culture intellectuelle. La planète de la Vierge est Mercure et celle du Capricorne est Saturne. En s'unissant, elles favorisent un effort vers un but lointain.

Ces deux signes sont en harmonie. Le couple que formeront monsieur Capricorne avec madame Vierge sera durable.

La présence de madame Vierge facilitera les rapports de monsieur Capricorne avec les autres, avec le public. Elle est merveilleuse pour organiser des voyages ; elle est utile pour progresser. Mais elle a des habitudes de minutie qui peuvent ralentir les activités du couple.

Si monsieur Capricorne suivait une voie, comme la politique, par exemple, exigeant de la popularité, madame Vierge lui serait très utile, car elle favorise, grâce à l'intervention de Mercure qui est dans son ciel, tous les rapports avec les autres, les liens avec le public, donc les électeurs. Elle est excellente pour aider son mari à faire des projets, des plans, à s'organiser.

### Madame Capricorne devant monsieur Balance

Monsieur Balance ne peut pas vivre seul ; il a besoin d'une compagne comme d'autres réclament à boire ou à manger. Madame Capricorne est capable, en société de beaucoup d'esprit et de gaieté. Si monsieur Balance sent qu'il sortirait volontiers avec elle, il n'hésitera pas à la voir souvent et à engager avec elle ce petit jeu qui fait que l'on se connaît assez vite, mais seulement sous un jour le plus favorable et qui s'appelle flirter.

Madame Capricorne sera un peu méfiante devant une telle expérience féminine ; également parce qu'il ne se hâte pas de parler mariage. Monsieur Balance est toujours long à se décider.

La période du flirt n'a pas permis à monsieur Balance de constater que madame Capricorne ne tenait pas beaucoup aux sorties ni à une vie mondaine. Il ne sait pas, non plus, à quel point elle est consciencieuse et constante. Même une fois marié, il jouera encore les amoureux ; de son côté, madame Capricorne prendra tout de suite tout au sérieux. Terriblement sérieuse, madame Capricorne pour un monsieur Balance !

Madame Capricorne sera une bonne maîtresse de maison ; monsieur Balance apprécie toujours la beauté et l'élégance ; mais il ne tient pas compte des travaux ménagers auxquels doit s'astreindre madame Capricorne. Enfin, lorsque madame Capricorne se sent de mauvaise humeur et reste soudain muette des heures durant, cela importe peu si elle est nette et bien vêtue et compose aux regards de son époux Balance un tableau esthétique.

Avant de s'engager dans une union avec monsieur Balance, madame Capricorne doit se demander si elle supportera que son mari regarde volontiers d'autres jeunes et jolies femmes, et si elle lui fera quand même confiance. Car monsieur Balance a une mentalité et une attitude de play-boy, mais il reste toujours très respectueux de la justice et de l'équité.

Madame Capricorne supportera-t-elle que monsieur Balance mène de longs et durs combats contre toutes les injustices alors qu'elle voudrait qu'il consacre son énergie à sa progression personnelle et à son ascension professionnelle ?

Madame Capricorne a le sens de l'injustice et elle est capable d'une bouleversante pitié pour les victimes en général ; ensemble ils pourront faire beaucoup de bien.

Cette vocation de générosité sera peut-être le plus solide de leurs liens, en tout cas, elle contribuera à leur assurer un bon équilibre.

## Monsieur Capricorne devant madame Balance

La Balance influe sur le secteur de l'horoscope du Capricorne relatif à la carrière professionnelle, aux ambitions, au prestige.

La planète de la Balance est Vénus ; elle se conjuguera avec Saturne, planète du Capricorne, pour susciter un changement, pour inspirer et soutenir l'esprit créateur du couple.

Près de monsieur Capricorne qui a son plan d'action, son programme, son avenir tout tracés, madame Balance éveille ses ambitions, son sens du pouvoir et de l'autorité ; monsieur Capricorne souhaitait impressionner madame Balance pour la conquérir, et c'est elle qui, par la suite, va faire naître en lui ces ambitions, conséquence probable de ce désir de faire forte impression.

L'appui de madame Balance aidera monsieur Capricorne à élever son standing social ; à la maison, elle est un ornement plein de grâce et de talent, car elle s'intéresse aux arts, aux livres, à la musique ; elle sait s'entourer de belles choses et elle s'habille à ravir.

Cette charmeuse aidera monsieur Capricorne à sortir de sa réserve habituelle et saura faire disparaître ses accès de mauvaise humeur.

Malgré quelques problèmes, cette union est pleine d'éléments très intéressants.

## Madame Capricorne devant monsieur Scorpion

Pour madame Capricorne, devenir amoureuse de monsieur Scorpion sera peut-être renoncer à une certaine paix. Monsieur Scorpion paraît, aux yeux de madame Capricorne un être excessif et parfois dramatique. Pour lui, si on n'est pas « pour » on est « contre ». C'est tout l'un ou tout l'autre. Mais il a pour elle un tel amour qu'elle se demandera si cela ne tourne pas à l'obsession. Il adopte volontiers le style de l'amoureux tragique qui veut aimer et posséder sa femme corps et âme. Il est très possessif, très jaloux, et fait de la moindre fâcherie une catastrophe.

Ils auront des jours d'amour, de joie, de passion dépassant tout ce que la littérature propose aux lectrices avides, mais si une dispute se produit et si madame Capricorne ne cède pas et ne reconnaît pas qu'elle a tort, monsieur Scorpion ne sera plus du tout gentil ni généreux. En revanche, tant qu'ils seront d'accord, rien ne sera trop beau pour madame Capricorne, que son mari comblera.

Ce qui nuit à la paix d'une telle union, c'est que monsieur Scorpion l'envisage comme un royaume totalitaire dont il détient tous les pouvoirs ; tandis que madame Capricorne serait plutôt encline à penser à l'égalité de l'homme et de la femme dans le mariage.

Avec monsieur Scorpion, madame Capricorne, qui ne se livre pas facilement n'aura que quelques mots à dire ; elle, qui ne s'exprime que le moins possible sera comprise à demi-mot; et même si elle ne dit rien, monsieur Scorpion sera assez perspicace pour deviner la moindre de ses pensées. Cela se fera dans un esprit de très grand amour, avec un cœur très compréhensif, et un tel développement de sentiments aimants et généreux que madame Capricorne sera désormais prête à tout supporter de monsieur Scorpion.

Tout supporter n'est pas une expression choisie à la légère. Si l'amour de monsieur Scorpion est grand et généreux, en revanche, la violence de son caractère suscite des incidents difficiles à résoudre sans heurts. Au cours de ces crises, si madame Capricorne accepte de se soumettre, si elle admet que monsieur Scorpion détient tous les pouvoirs, la paix reviendra vite; ce sera plus difficile si elle s'estime dans son bon droit et refuse de faire amende honorable pour un fait qu'elle ne considère pas comme blâmable ou auquel elle est complètement étrangère.

Alors, c'est la guerre froide qui s'installe et tout le monde sait combien il difficile de rétablir la paix dans de tels cas.

## Monsieur Capricorne devant madame Scorpion

Le Scorpion affecte la partie de l'horoscope du Capricorne concernant les désirs, les amis, les distractions. Le Capricorne est en harmonie avec le Scorpion et monsieur Capricorne peut trouver en madame Scorpion un soutien fidèle pour ses diverses activités. La planète du Scorpion est Pluton, qui tend à briser les contraintes, ce qui convient très bien à monsieur Capricorne qui en est bardé.

Monsieur Capricorne et madame Scorpion sont l'un et l'autre ardents, ambitieux, énergiques. Même si des problèmes naissent des différences de caractère, ils seront habilement résolus parce que les planètes veulent que l'harmonie règne entre eux.

L'influence de madame Scorpion atténuera chez monsieur Capricorne sa morosité et cette tendance qu'il a toujours de chercher à se tenir immobile et se taire pendant de longs moments sans que le partenaire sache d'où vient cet accès de bizarrerie et quelle est la nature de son humeur.

Une grande attirance physique ajoutera un lien de plus à ceux qui unissent monsieur Capricorne et madame Scorpion. Hors des heures de pensée profonde et hors des heures consacrées à l'amour, monsieur Capricorne et madame Scorpion témoigneront inconsciemment de leur bonheur par de folles parties de rires.

## Madame Capricorne devant monsieur Sagittaire

Madame Capricorne sera probablement attirée par le caractère sportif de monsieur Sagittaire. Elle appréciera sa franchise ; l'un et l'autre sont capables de se limiter à une tendre amitié pendant assez longtemps ; lui, parce qu'il ne songe pas volontiers au mariage ; elle parce qu'elle est patiente.

Si madame Capricorne arrive à persuader monsieur Sagittaire de l'épouser, ou si elle attend avec patience, et si le hasard veut qu'elle ne se marie pas avec un autre avant, ils formeront un couple heureux, mais chez lequel la paix ne régnera pas forcément.

Monsieur Sagittaire aime vagabonder et il rentre de temps à autre chez lui comme on descend à l'hôtel. Madame Capricorne pourrait s'en fâcher.

La méthode, la réflexion, qui sont inséparables du style de madame Capricorne seront mises à rude épreuve par la présence de monsieur Sagittaire dans sa vie. Elle déteste le hasard, il joue. Elle n'a aucune confiance dans la chance ; il en a. Elle est sage et économe, il dépense. Elle est laborieuse et constante ; il démissionne de son emploi dès qu'il en a envie et sans savoir ce qu'il trouvera ensuite. Elle déteste ce genre d'aventure : il a généralement la chance de trouver un poste préférable à celui qu'il vient de quitter.

Madame Capricorne se considère comme l'égale de son mari et, quand il prend une décision et lui en fait part, elle n'hésite pas, si telle est son opinion, à s'opposer à lui en disant qu'elle trouve cela trop risqué ou stupide. Il en tient généralement compte, puisqu'il

Cavalier et Dame, *par Albrecht Dürer.*

accueille ses remarques avec une certaine irritation. Sans cela, il ne leur opposerait qu'une simple indifférence.

Parfois, il déclare nettement à sa femme qu'elle l'a sauvé du désastre en s'opposant à une décision qu'il tenait pour excellente.

Il n'est pas de ceux qui versent régulièrement, comme une pension, l'argent nécessaire à leur femme ; il donne peu, s'il a peu ; s'il a beaucoup, il a des élans généreux et devient très large. Aussi, madame Capricorne devrait-elle avoir la sagesse de se créer une petite réserve d'argent pour se sentir à l'abri des à-coups, car une femme qui assume les responsabilités d'un train de maison a besoin d'un niveau financier régulier.

Formant un couple assez raisonnable, ils peuvent avoir une vie des plus agréables.

### Monsieur Capricorne devant madame Sagittaire

Dans l'horoscope du Capricorne, le Sagittaire habite la Maison XII ; c'est le secteur des secrets, des restrictions, des craintes, des doutes et des organisations plus ou moins clandestines et secrètes.

D'autre part, la planète dominante du Sagittaire est Jupiter ; avec Saturne, qui domine dans le Capricorne, il se produit une combinaison favorable à la diffusion d'idées nettement conçues et clairement exprimées, de méthodes inhabituelles et originales, de questions d'ordre général. Le Sagittaire est utile au Capricorne; il y a dans leur union de nombreux éléments bénéfiques.

S'ils font équipe pour une profession relative au cinéma ou à la télévision, Sagittaire et Capricorne auront du succès. Mais il y a toujours un petit inconvénient, le Sagittaire n'a pas les habitudes de franchise directe et totale du Capricorne et cela peut donner lieu à des incidents.

Tous les autres éléments d'une telle union étant bons, on peut passer sur ce détail.

### Madame Capricorne devant monsieur Verseau

L'homme né sous le signe du Verseau est aimable, agréable en société, entouré de nombreux amis, et intéressé par une grande quantité d'idées et de théories à portée sociale et humanitaire. Il parle, il sait beaucoup de choses, il est documenté et aime à intéresser sa partenaire qui, de son côté trouvera de nombreux agréments à sa conversation.

S'intéressant à une foule de choses, monsieur Verseau se déplace beaucoup et se fait, en cours de route, de nombreux amis appartenant à divers pays, à diverses classes sociales, à des opinions différentes, parfois opposées.

Si madame Capricorne a des ennuis, des difficultés dans lesquels elle se débat en essayant d'en sortir, monsieur Verseau sera trop heureux de lui rendre service : c'est souvent ainsi qu'on se lie d'amitié avec un Verseau. Il aime les difficultés, il aime les résoudre et il aidera madame Capricorne dans ses problèmes, et ensuite continuera de l'aimer quand il les aura résolus. Il ne cessera alors de prodiguer des preuves de sa bonté jusqu'au moment où, tombant amoureux l'un de l'autre, ils décideront de se marier.

Alors commenceront les vraies difficultés. Madame Capricorne, conquise aux idées de son mari, ne demandera qu'à l'aider dans ses activités généreuses ; mais les bénéficiaires de ses gestes de bonté sont trop nombreux.

Elle aime finir les tâches commencées; il aime en changer souvent, qu'elles soient achevées ou non. Cela pourrait créer entre eux un désaccord, mais madame Capricorne l'évitera avec soin ; elle fera tout pour le garder près d'elle, peut-être parce qu'elle a commencé...

*Portrait de Pierre Drieu La Rochelle, par J. E. Blanche, 1924 (musée de Rouen).*

Elle s'efforcera de lui faire admettre que, si beaucoup de gens ont besoin de lui, il y a tout près une femme qui devrait passer avant les autres dans ses soins.

Elle parviendra enfin à le lui faire saisir et ce sera dès lors une vie très agréable aux côtés d'un homme réellement charmant et bon.

Leur couple aura enfin trouvé son équilibre.

### Monsieur Capricorne devant madame Verseau

Le Verseau habite la Maison II dans l'horoscope du Capricorne ; la Maison II concerne les biens meubles et immeubles, l'argent et les acquisitions.

Sa planète dominante est Uranus. C'est une planète qui suscite des innovations, des découvertes, des inventions.

Madame Verserau entraînera son mari vers des innovations dans leur vie privée, dans leur travail, dans leur style. Le seul problème délicat à résoudre sera de déterminer qui prendra les décisions ? Qui dirigera ? S'ils ne peuvent prendre leurs initiatives d'un commun accord, ce pourrait être une cause de conflit. Il y aura d'ailleurs certainement des incidents de parcours, dans leur carrière conjugale ; mais ils reviendront toujours l'un vers l'autre.

Madame Verseau sera fascinée par monsieur Capricorne ; elle éprouvera pour lui une très grande admiration et ce sera le premier élément de son amour.

Dans les projets inédits qu'ils vont faire ensemble, l'originalité sera toujours présente.

### Madame Capricorne devant monsieur Poissons

Monsieur Poissons a une bonne théorie sur l'existence ; il aime dire que tout le monde serait heureux si l'on faisait comme lui. Et madame Capricorne, qui juge absolument fantasque sa façon de vivre, sera prise de fou rire à cette idée. Madame Capricorne ne considère pas que la joie soit un dû ; elle pose en principe qu'il faut mériter. Et que la vie est une suite de tâches dures et difficiles, trop rarement ponctuées d'éléments de satisfaction. Elle se demande même si la joie n'est pas comme des étrangetés dont on parle toujours, mais qu'on ne touche jamais du doigt. La joie c'est une idée abstraite.

Au dire de monsieur Poissons, la joie existe et lui-même se fait fort de la faire goûter à madame Capricorne. Comme il est doux et sympathique, celle-ci ne tarde pas à l'écouter, à l'admirer et à devenir amoureuse de lui.

Ce mariage ne sera pas facile ; il se peut même que monsieur Poissons, après avoir paru y tenir, s'en désintéresse, et n'en parle jamais plus et s'en aille flirter ailleurs.

Mais s'il se fait, et malgré les « on-dit » répandant le bruit qu'ils ne sont pas assortis, les époux seront très heureux.

Leurs amis ne verront que les différences qui pourraient les séparer : elle fait tout avec une grande conscience, il ne fait tout qu'à moitié. Mais cela n'est pas une objection dont madame Capricorne ait l'intention de faire état ; elle suppose que monsieur Poissons se donne beaucoup de mal dans son travail professionnel et le reste la concerne.

Monsieur Poissons s'appuiera souvent sur madame Capricorne et elle considérera ce besoin qu'il a d'elle comme une marque d'amour. Il voit bien que madame Capricorne est délicate et fragile, mais il se dit qu'elle possède une énergie et un ressort peu communs. Au fond, c'est bien vrai, comme c'est vrai d'un grand nombre de femmes.

Heureuse d'avoir près d'elle un homme délicat et charmant comme monsieur Poissons, madame Capricorne ne vas pas décortiquer leurs caractères respectifs et les tâches que l'un et l'autre assument ou négligent. Ce n'est pas cela qui l'intéresse, mais le fait d'être aimée par un être plein d'imprévu, parfois secret, toujours doux et affectueux, qui lui tient compagnie et qui a l'air de veiller sur elle, même si c'est surtout elle qui veille sur lui.

## Monsieur Capricorne devant madame Poissons

Le signe des Poissons, habite, dans l'horoscope du Capricorne, la Maison III, celle qui concerne les petits voyages, les idées philosophiques, les relations avec les proches parents, et les changements de situation.

La planète des Poissons est Neptune ; celle du Capricorne est Saturne. L'union de ces deux planètes donne une stabilité au foyer qui sera fondé ; les aspects sont favorables : leur union peut devenir très constructive.

Madame Poissons disperse son énergie en mille détails, mais elle a le don d'amuser monsieur Capricorne : on rit beaucoup et volontiers avec tout natif du signe des Poissons.

Entre madame Poissons et monsieur Capricorne, l'une représentant l'imagination, l'autre ayant beaucoup de sens pratique, un excellent équilibre peut s'établir et une telle union est parfaitement souhaitable, car elle doit apporter à l'un et à l'autre exactement ce qui lui manquait. Il se peut que madame Poissons fatigue monsieur Capricorne, car elle ne va pas tenir la maison avec la méthode qu'il apprécie, mais elle l'égayera et elle lui apportera des vues entièrement nouvelles sur la vie. Ce sera parfait et ils riront souvent.

# Chapitre III

# Le bonheur pour un Capricorne

« Elle et moi, comme on dit,
nous étions dans le goulot de la bouteille,
mais on avait brisé le goulot
et la bouteille n'était qu'une imagination. »
HENRY MILLER.

Le bonheur, pour un Capricorne, quel est-il ? De quoi est-il fait ? En revoyant l'ensemble de la personnalité des natifs de ce signe, on découvre d'abord que ce bonheur est d'un aspect pâle et timide comme le soleil d'hiver. Car les festivités brutales et brèves apportent beaucoup de joie et de rires, mais ce n'est pas tout à fait le bonheur. Le bonheur est un état permanent de bien-être et de satisfaction, d'où les problèmes angoissants sont absents. Le bonheur, c'est cet état où l'on se sent vivre pleinement, sans que rien ne manque qu'on ne puisse espérer obtenir bientôt.

Voyons donc quelles sont les chances de bonheur pour un natif (ou une native) du Capricorne, et de quelle manière il (ou elle) peut les favoriser, les attirer, les conserver.

Et d'abord, de quoi devrait-il être fait, ce bonheur ?

L'argent ? L'amour ? La gloire ? Le pouvoir ?

Le Capricorne va devoir dresser la liste de ses besoins, la liste de ses biens et celle de ses capacités.

### Est-il réellement ambitieux ?

On le considère en général comme ambitieux. Qu'entend-on au juste par là ?

Dans la vie actuelle qui va de plus en plus vite, n'est-il pas nécessaire d'être ambitieux ?

En fait, il s'agit chez le Capricorne d'une affirmation de sa personnalité, qu'il rend plus revêche par sa froideur. Au lieu de s'avancer en riant comme le Lion, il s'avance gravement affairé, et d'un air contrarié...

La planète Mars est en exaltation dans ce signe et nous avons expliqué que cela signifie qu'elle est agissante. Elle le pousse à être dynamique, actif, efficace, combatif. Son Saturne dominant lui donne le calme qui permet d'attendre sans impatience les résultats de ses efforts.

Le Capricorne n'aime pas le monde, la société. Pour le supporter, il ne lui reste qu'à le dominer.

Afin de dominer ce monde, ou cette société qu'il n'aime pas, le Capricorne doit se hisser toujours plus haut et, s'il s'agit d'un homme, ce sera généralement sur le plan professionnel que cela se réalisera; chez une femme, ce pourrait être à travers la réussite de son mari.

### Les qualités du succès

Il semble que la personnalité du Capricorne ait été conçue spécialement pour la réussite la plus classique, le succès qui s'apprend dans des livres.

Le Capricorne possède les qualités nécessaires de sang-froid qui permettent de faire des projets, des calculs et de ne pas se laisser influencer par des rumeurs passagères, par des opinions entendues plus ou moins au hasard et par des mouvements d'impatience ou de paresse. Ce qu'il a décidé de faire, il le réalisera, quelles que soient les circonstances. Ce personnage qu'on n'intimide pas finit par obtenir ce qu'il demande.

Dans le combat, qui se traduit par des ruses, des

Joseph Staline, *par Rechnikoff.*

affrontements, des coups « fourrés », le Capricorne ne se fâche pas; il plie, il esquive les coups, puis il reprend sa haute taille et recommence sa tentative. Cette conduite est exactement la meilleure pour réussir dans la vie; on ne se taille pas le succès à coups de pioche, mais en rongeant les obstacles, patiemment et avec ruse.

Sa souplesse va jusqu'au sens politique, diplomatique; il prononce les mots qu'il faut au bon moment; et il est si fort dans ce procédé qu'il arrive à l'appliquer sans se départir de sa loyauté native. De chacune des situations, il sait dégager les données précises; même s'il doit effectuer un parcours sinueux, avec des grands détours, il ne perd jamais de vue le but et il garde toujours une vue générale limpide de la situation.

Il possède les qualités qui font les bons chefs, il a la vocation d'assumer ses propres responsabilités et celles de ses collaborateurs; il sait vouloir et agir pour les autres.

En cas d'outrance de ces dons, il y a le risque de tourner au tyran et, si le Capricorne occupe une haute position politique, c'est dangereux. C'est aussi grave s'il devient le chef d'une secte religieuse ou philosophique. Il peut également devenir tout simplement un tyranneau dans sa famille.

## Trop de dépouillement

Ce sens de l'homme nu, de l'être dépouillé, de la terre arable qui a perdu sa récolte, peut conduire certains Capricorne à un renoncement total.

Ceux qui luttent pour un idéal et qui sont opprimés, qui sont capturés, sanctionnés, adoptent instinctivement cette attitude du détachement de tous les biens, même de la liberté physique. Leur indifférence est toujours remarquée; aucune sanction ne réussit à les faire plier.

Ceux qui n'ont pas à lutter dans ce style, mais qui ne tiennent pas aux biens de la vie, peuvent aussi oublier ce qu'est le confort et accepter toutes les privations.

Cette attitude est rarement sereine. Elle peut très bien être uniquement le résultat d'une ambition déçue. Cela peut être le cas d'un être qui a des ambitions d'une telle amplitude qu'il se rend compte, à un certain moment, de son incapacité d'obtenir ce qu'il souhaite. Dans une crise de désespoir et de rage, il peut retourner complètement son sens de la vie et déclarer qu'il renonce, qu'il ne tient pas aux biens matériels, etc.

C'est le développement d'un complexe d'infériorité, avec une humilité exagérée, des scrupules qui font souffrir, des tourments de toutes sortes. Il décide de fuir la vie telle que la conçoit la société moderne et de vivre dans le plus complet dénuement, comme d'autres s'adonnent à la boisson ou au jeu. Cela devient une passion, un excès, non une vertu.

Il n'est pas possible qu'une telle attitude soit celle d'un être en bonne santé psychique; une maladie mentale trouble certainement cette personnalité, et un traitement approprié pourrait remettre tout en ordre.

Un tel Capricorne agit avec un orgueil immense et incompréhensible pour la plupart de ses contemporains. C'est créer une caste dans l'orgueil et dans l'isolement.

### L'humilité véritable et sincère

On ne peut pas dire – on n'en aurait pas le droit – que tous les Capricorne qui s'engagent sur la voie du renoncement ne le font que par excès d'orgueil ou maladie mentale. Il est d'autres motifs moins préoccupants.

Pour certains, le détachement des biens de ce monde n'est aucunement ambigu, car il les conduit à la véritable sérénité. Si cet état était rare, il y a peu d'années, sous nos cieux occidentaux, on commence à le sentir se manifester de temps à autre, avec cette nouvelle mode de « tout quitter, parce qu'on en a assez d'une société exclusivement conduite par l'argent ».

Dans les années passées, on a vu agir ainsi le célèbre Paul Léautaud, dégoûté de la société parisienne, se retirant à Fontenay-aux-Roses, où je le rencontrai et le photographiai par un beau jour d'été, entouré de matous et de singes, dans une maison absolument crasseuse et sentant horriblement le fauve et le pipi de chat. Vêtu plus mal qu'un misérable clochard, sale à faire peur, cet étrange personnage offrait au visiteur un visage imprévu où, au milieu des poils hirsutes d'une barbe de quatre jours, les traits reflétaient une grande et intelligente bonté et une sorte d'ironie permanente.

## En marge du monde

Dès que son refus des biens de la société actuelle est sincère, le Capricorne se détache de cette vie avec une véritable humilité. Il reste fier et libre dans son âme et ne se soucie plus des avantages matériels.

Ou bien il cherche la tranquillité, pour se livrer aux occupations qui lui plaisent, et il atteint, malgré lui, à un certain niveau spirituel, ou bien il recherche ce niveau spirituel et c'est dans ce but qu'il se détache du monde.

Dans un cas comme dans l'autre, il dresse sa machine, il la plie, il l'habitue à se contenter de ce qu'il lui donne. Cette machine, c'est son corps vivant, duquel il extirpe, en refusant de les satisfaire, tous les désirs physiques et matériels.

Il n'a pas besoin d'une longue et complexe initiation; il peut atteindre son but en vivant d'une façon impersonnelle, c'est-à-dire en ne se comptant jamais dans ses projets et ses programmes. Il vit pour les autres; par exemple, pour une œuvre, pour une collectivité, pour des gens ou pour des animaux, mais pas pour lui.

**L'apparence extérieure**

Sans vouloir choquer les autres par une tenue particulière, il faut reconnaître que le Capricorne est particulièrement simple dans sa tenue.

La femme née sous ce signe choisit volontiers la simplicité; elle n'aime que les lignes sobres, les tissus économiques, méprise ces mille fantaisies qui amusent tant les autres femmes. Si elle cède à l'achat d'un collier clinquant ou d'un tissu particulièrement à la mode, elle le regrette et ne l'utilise pas. C'est un peu le problème de la dame Capricorne, épouse de l'homme Lion. Celui-ci est toujours en guerre avec sa femme pour qu'elle accepte de s'habiller selon la mode et selon un standing élevé et élégant.

Il faut ajouter, car c'est pour elle important, que sa sobriété n'exclut jamais l'esthétique.

Elle a le don de choisir des lignes simples mais harmonieuses.

Dans ce trait de caractère, il peut se produire un excès tel que la femme née sous le Capricorne tombe dans l'abus contraire et porte à leur sommet le luxe, l'originalité et le brillant de sa tenue vestimentaire.

Comme elle n'incline pas du côté des arts, son goût n'est pas toujours sûr et elle commet, dans ce cas, de graves erreurs qui la ridiculisent. Il arrive que des femmes Capricorne, élégantes dans la simplicité pendant leur jeunesse, tombent dans l'excès contraire à l'âge mûr, ce qui semble encore plus blâmable, car on n'aime pas que les personnes âgées se départissent d'une tenue qui justifie extérieurement le respect qu'on souhaite leur montrer.

L'homme du Capricorne ne tient pas non plus à une tenue confortable et élégante; il apprécie soit une tenue négligée, mais pratique, soit une tenue dite « habillée », généralement un peu trop sobre, un peu trop guindée et toujours légèrement en dissonance avec le milieu dans lequel il évolue. Quand on manque de goût...

**Ses chances de succès**

Le Capricorne est un signe d'ambition. C'est une ambition qui ne se laisse pas plier aux caprices de l'actualité; on pourrait dire que c'est une ambition absolue : elle est de tous les temps et ne se relie à aucune mode, aucun engouement. Si le Capricorne est ambitieux, c'est à cause de la nécessité de vivre parmi les autres, donc de ne pas se laisser distancer, sous peine d'être brimé.

Il conçoit des projets à longue échéance : quinze ou vingt ans... Il vise, en définitive, un sommet et il ne négligera rien pour l'atteindre. S'il le peut, il l'atteindra avec chic, ou avec noblesse, même avec grandeur, tout dépend du niveau et de la nature de ce but; mais s'il ne peut pas y parvenir ainsi, il est possible qu'il n'hésite pas à le faire en « salaud », en arriviste sans scrupules.

Sa méthode ne consiste pas à changer souvent de poste, de place, d'emploi ou de situation; il préfère rester dans la même maison, la même entreprise, la même branche, et monter jusqu'au plus haut sommet.

Comme il manque d'allant, de liant, de souplesse, d'habileté aimable et souriante, d'affabilité, il n'arrive au but que par son seul mérite. Il est dépourvu des qualités qui séduisent, sur le plan professionnel, mais possède les qualités qui rendent indispensable.

## Le point de vue financier

Les habitudes d'économie, de parcimonie et quelquefois même d'avarice, n'étonnent pas chez le Capricorne. C'est un être qui ne connaît que trop bien le prix du travail, de l'effort, de l'économie.

Il a eu maintes occasions de se rendre compte de l'effort qu'exigeait le moindre petit gain d'argent. Il n'entre pas dans sa ligne de le gaspiller; il ne fera jamais rien qui puisse compromettre si peu que ce soit ses chances d'avoir un jour une belle aisance pécuniaire.

Ne pas croire, surtout, qu'il est âpre au gain. Il tient à gagner, bien sûr; le temps ne fait rien à l'affaire et il y mettra les années qu'il faudra, selon les bons principes inspirés par Saturne, mais il aura sa fortune personnelle et l'assurance que ni lui, ni les siens, ne manqueront de rien.

Il a, sur le plan financier, un esprit conservateur; sa nature froide et psychologiquement secondaire lui donne une qualité précieuse : la prévoyance.

Il tient très bien sa comptabilité, et les calculs qu'il y implique, par exemple des investissements, sont échelonnés sur plusieurs années. Rien ne doit se faire précipitamment chez un Capricorne.

Il ne bénéficie d'aucune chance particulière, il ne joue ni à la Bourse, ni au tiercé; tout l'argent qu'il gagne vient de son travail.

Il n'est pas de ceux qui guettent l'occasion inespérée pour la saisir aux cheveux; lui, il travaille et il compte.

Comme il est très économe, il mène dans la plupart des cas une existence austère. Lorsqu'il est arrivé à réunir la fortune qu'il convoitait, il ne sait plus en jouir; d'ailleurs, un Capricorne ne jouit pas d'une fortune; il la garde, et il est rassuré. A sa mort, ses héritiers pourront le remercier, car il ne les laissera pas dans le besoin.

Mais il n'y a pas que des Capricorne occupant leur vie à gagner de l'argent et à le garder. Un autre type de natifs de ce même signe agit différemment. Il s'agit de ceux qui pratiquent l'ascétisme « à titre gratuit », car ils ne cherchent pas à économiser. Ils tirent gloire de leur dépouillement, et du fait de ne posséder aucun bien.

Il est un Capricorne peu répandu en France, mais que l'on connaît aux U.S.A. Il s'agit de grands hommes d'affaires qui unissent à la pratique des opérations financières une générosité de mécènes et qui, loin de se contenter d'améliorer la race chevaline, créent des instituts, des musées et des fondations, témoignant de la hauteur de leur sens civique et moral. Ce sont souvent des Capricorne religieux, très croyants, respectueux des lois et de l'ordre, du système établi. Mais leur sentiment dominant, c'est la solidarité.

D'autres signes peuvent être plus exaltés, plus colorés, plus sentimentaux; victimes de leur prestige, ils ne parviennent pas à des réalisations pratiques à la hauteur de leurs buts.

Le Capricorne, lui, pendant que les autres s'occupent de faire parler d'eux, guette le détail qui importe, prend pour méthode la minutie, veille constamment et directement sur ce qui lui appartient, s'attache à la préparation, si fastidieuse soit-elle, du plan qu'il projette de mettre à exécution.

Il ne se laisse jamais aller à un coup de tête, et ce qu'il gagne ne sera jamais le fait du hasard ou de la chance. S'il commet cette erreur et doit revenir à son point de départ, il recule sans souffrir d'aucune blessure d'amour-propre, comme ce serait le cas pour un Scorpion ou un Lion.

Cette passivité devant l'obstacle trop rude semble parfois invraisemblable, et pourtant c'est bien la position du Capricorne.

C'est sa grande force.

---

*Richard Nixon.*

### Le Capricorne en association

Quel que soit le programme auquel il participe, le Capricorne a intérêt à s'associer avec un Verseau. Les savants, les explorateurs, les chercheurs sont des gens n'hésitant pas à engloutir une fortune dans leurs travaux. Il leur faut des Capricorne pour veiller sur les crédits, ou limiter la dépense au mieux des intérêts de tous et s'arranger pour leur renouvellement.

On dit qu'à la NASA, les cosmonautes sont généralement des Verseau, tandis que les techniciens au sol et le personnel administratif et financier compte une majorité de Capricorne.

### A-t-il des chances en politique ?

Le domaine de la politique est très divers et propre à offrir des possibilités aux natifs de tous les signes du Zodiaque. Tous les signes ne donnent cependant pas à leurs natifs le goût de la politique ou du pouvoir public. En fait, le natif du Capricorne ne semble pas spécialement doué pour le combat électoral. Il n'apprécie ni les ovations, ni les discours; tout cela, pense-t-il, n'est pas très efficace. Il serait davantage tenté par une fonction publique aux Finances ou aux Travaux Publics.

Une fois l'élection acquise, rien ne l'empêche de cheminer à la vitesse qui lui est propre et dans son style, c'est-à-dire avec force, sobriété de mots et de gestes et la plus grande efficacité dans l'action.

Cette action ne rencontrera pas d'approbation unanime; d'abord, parce que le Capricorne ne se fera pas faute d'apporter une stricte rigueur à son attitude. Il va contrôler minutieusement la véracité des dires de ses adversaires et, parfois, les trouver en défaut.

La vie politique ne semble donc pas être la vie rêvée pour un Capricorne.

## Les décans du Capricorne

*Si l'anniversaire est entre le 22 décembre et le 31 décembre*

Vous avez le double aspect de Saturne dans votre carte. Pas de vraies amitiés sous ce signe, mais ceux qui ont le privilège de le devenir seront sincères et fidèles. Saturne est le symbole du temps et son influence est restrictive. Sa compétence s'étend aux affaires concrètes. Son pouvoir, c'est la stabilité, l'endurance, la ténacité et la persévérance. On réalisera des gains par des méthodes d'économie et des investissements.

*Si l'anniversaire est entre le 1er et le 10 janvier*

Votre planète est Vénus, qui vous fait constant, loyal, industrieux et persévérant. Vénus est une des planètes les plus bienveillantes du système solaire. Elle indique une ambiance harmonieuse et elle favorise les plaisirs. Elle apporte aussi l'idéalisme, les facultés artistiques et musicales, et préside aux émotions et aux affections. Bien qu'elle ait sa propre influence, Vénus est très affectée par les aspects des autres planètes. Étant donné que Saturne est la planète du signe du Capricorne, il va naturellement agir en rectriction sur la planète Vénus, et vous faire retenir vos plus sincères émotions.

**Les natifs des dates limites**

(Si votre anniversaire n'est pas à une date limite du signe, ce paragraphe ne vous concerne pas.)

*Si l'anniversaire est entre le 23 et le 25 décembre*

Vous êtes né en Capricorne avec des tendances Sagittaire. Vos planètes sont Saturne et Jupiter. Comme vous êtes très rigide dans vos décisions, vous êtes d'un naturel bon et sympathique. Vous travaillez dur pour mener à bien les projets que vous avez formés. Vous rencontrerez des obstacles, mais vous serez assez fort pour les vaincre. Un enfant né pendant cette période sera particulièrement susceptible de bénéficier de l'influence de ses parents.

Vous êtes né intuitif, aussi devez-vous tenir grand compte de vos idées.

*Si l'anniversaire est entre le 16 et le 19 janvier*

Vous êtes né Capricorne avec des tendances Verseau.

Vos planètes sont Saturne et Uranus. Cela vous donne la capacité de comprendre l'humanité, et vous rend intelligent, intuitif, patient, amoureux et sympathique. Vous avez des capacités artistiques et musicales et vous pouvez les développer. Vous êtes cultivé et raffiné et l'on peut se fier à votre jugement. Quand vous êtes en période de chance, tout va bien; en période de malchance, il semble que rien ne doive un jour s'arranger.

*Si l'anniversaire est entre le 11 et le 19 janvier*
Votre planète personnelle est Mercure, qui vous

*Marlène Dietrich.*

fait rationnel et intellectuel. On considère Mercure comme une planète convertible. Il est gravement affecté par toute planète qui sera en conjonction avec lui. Mercure contrôle le cerveau et les nerfs. Il rend le sujet excitable et actif. Cette planète jouera un rôle important dans votre vie, étant donné qu'elle contrôle les affaires commerciales, intellectuelles et familiales. Avec Saturne agissant en restreignant, vous serez pratiques et prudents.

### Les degrés du Capricorne

*21 décembre.* Vous vous inquiétez sur des choses qui échappent à votre contrôle. Une émotion peut vous faire risquer votre fortune. Ayez de fidèles conseillers.

*22 décembre.* Capable, pratique, avec l'esprit commercial, des qualités de dirigeant, les capacités de commandement, le respect de vos amis; si vous apprenez à surmonter votre esprit querelleur et combatif vous vous éviterez bien des difficultés.

*23 décembre.* Esprit profond, avec des alternances vers le respect des principes ou l'ambition. Vous êtes ambitieux, adaptable. Un aspect de cet horoscope indique une tendance à devenir coléreux dès qu'un obstacle s'oppose à vos projets.

*24 décembre.* Personnalité ambitieuse et déterminée. Vous montrez une aptitude marquée pour les affaires financières. Il vous faut apprendre à dominer votre tendance à manifester goûts et dégoûts en toute occasion.

*25 décembre.* Esprit d'aventure et goût des voyages. Corrigez-vous de votre tendance à entreprendre plusieurs choses en même temps.

*26 décembre.* Nature fière, sympathique et pleine de tact. Amour des beaux vêtements. Un aspect de cet horoscope indique des difficultés à sortir avec la très proche famille, à cause du désir d'impressionner les tiers.

*27 décembre.* Nature brillante, gaie, affectueuse. Grande générosité, tendance à la rêverie.

*28 décembre.* Nature mystique, aventureuse, et esprit scientifique. Grand amour des voyages et de la mer. Le désir d'aider les autres amènera d'étranges expériences.

*29 décembre.* Nature sensible, avec tendance à être irritable, un esprit progressiste et une grande imagination, mais tendance aux atermoiements. Peut-être pour éviter d'assumer les responsabilités.

*30 décembre.* Énergie et force, ambition, esprit sérieux, esprit versatile, instincts sociaux. Un aspect de cet horoscope indique une tendance à trop d'appréhension au sujet du voyage de l'épouse et des enfants ou de la très proche famille.

*31 décembre.* Nature progressiste, déterminée, généreuse. Ces natifs réussissent grâce à leurs propres mérites. Certains aspects de cet horoscope indiquent que le natif doit être plein d'affection, sinon il peut se développer en lui un caractère égoïste et matérialiste.

*1er janvier.* Esprit équilibré, caractère ferme, nature affectueuse, personnalité magnétique, avec une faible constitution, qui doit s'attendre à des hauts et des bas.

*2 janvier.* Dispositions amicales, capacité d'apprendre très vite, tempérament artistique, nature aimable, mais un aspect de cet horoscope indique le désir du moindre effort.

*3 janvier.* Personnalité très magnétique; corps robuste, avec une bonne récupération des forces. Un aspect de cet horoscope indique une déception due à une confiance mal placée.

*4 janvier.* Initiative et originalité. Capacités pour les affaires. Nature sympathique, mais mal aspectée en ce qui concerne le romantisme.

*5 janvier.* Intuitif, artiste, sensible, mais pratique; indépendance et capacité d'atteindre seul son objectif.

*6 janvier.* Nature déterminée mais souple, avec des dispositions aimables. Méthodique, prudent. Capacités marquées pour le contact avec les foules. Un seul avertissement : ne pas trop vous fier à votre jugement spontané : attendez de savoir.

*7 janvier.* Nature raffinée, artistique, charitable. Aimables, prudents, sensibles, ils manquent de confiance. Développez vos possibilités de concentration mentale.

*8 janvier.* Réservé, d'esprit profond, charmant; amour des choses qui sont bonnes et belles. Vous devez vous efforcer d'avoir plus de tact.

*2 janvier.* Esprit alerte, intelligence remarquable, sens aigu du jugement, charme personnel, caractère vif et grande fixité dans les projets conduisant à la réussite.

*10 janvier.* Imagination hardie, esprit aigu, cher-

*Henri Matisse.*

chant toujours à progresser, mais dépensier, par amour du luxe et des beaux vêtements, et c'est ce trait qui doit être corrigé. S'épanouira dans un climat de patience et de considération.

*11 janvier.* Intelligent, avec esprit critique, nature sympathique, dont l'obstination pourrait développer le côté pratique de sa nature pour parvenir pleinement au succès.

*12 janvier.* Esprit clair, qui devient facilement sarcastique quand il rencontre un adversaire; doit se corriger. Équilibrer les activités intellectuelles par des activités physiques.

*13 janvier.* Nature imaginative, énergique, mais agressive; esprit scientifique, légèrement orienté vers le mysticisme et les sciences occultes; risque de chagrins et déceptions dans la vie domestique.

*14 janvier.* Personnalité magnétique et dispositions affectueuses. Aime les arts, la musique, les choses belles et raffinées, mais se décourage facilement.

*15 janvier.* Nature inspirée et artistique. Dispositions pour une carrière dans les affaires. L'horoscope indique qu'il faut prendre des précautions en voyage.

*16 janvier.* Esprit artistique, inspiré, intellectuel, mais complexe d'infériorité. L'horoscope indique qu'une carrière artistique serait un succès.

*17 janvier.* Nature forte, décidée; auto-discipline efficace, nécessaire même pour ne pas voir se développer un côté anarchique. Un aspect de cet horoscope montre une mentalité pondérée, judicieuse, couplée à un système nerveux excessivement fort, qui rend nécessaire d'éviter les excès intellectuels, car les conséquences pourraient être graves.

*18 janvier.* Agréable, réfléchi, studieux, réservé, capable de pratiquer de nombreux sports; des chances de réussite dans l'athlétisme.

*19 janvier.* Dispositions courtoises, agréables, sociables. Beaucoup d'amis.

## L'écriture du Capricorne

L'écriture du Capricorne est en général fine et tracée d'une main légère. Le texte est harmonieusement disposé, avec des marges proportionnées et des lignes parallèles. La continuité du trait n'est pas constante et il est des mots qu'il écrit en détachant les lettres. L'ensemble reste clair et lisible. D'une manière générale il sépare la majuscule de la lettre qui suit, ce qui indique qu'il a du jugement. La signature est caractéristique, appuyée par un point, qui est un signe de prudence et de réflexion : le scripteur semble appuyer ce point situé à la fin de son nom, tandis qu'il médite sur ce qu'il vient de signer.

On remarque souvent chez un Capricorne que l'écriture est renversée. Ainsi, alors qu'habituellement on écrit droit, ou penché à droite, les natifs du Capricorne, eux, écrivent presque droit et légèrement penché à gauche. C'est la marque d'un certain refus de laisser connaître sa véritable personnalité.

Un Capricorne est généralement volontaire et, par conséquent, ce trait de caractère se retrouve dans son graphisme : c'est une barre très ferme sur les « t », placée à mi-hauteur de la lettre et formée d'un trait droit, horizontal, bref et ferme.

Ainsi, connaissant la psychologie d'un Capricorne et quelques notions de graphologie, peut-on, par l'analyse de l'écriture d'une personne inconnue, découvrir sa vraie nature, et par déduction, le signe du Zodiaque sous lequel elle est venue au monde.

## Le Capricorne dans la vie quotidienne

Le Capricorne n'est pas en général ce qu'il est convenu d'appeler un « bon vivant » et je ne crois pas que l'on compte beaucoup de ces natifs parmi les membres des clubs gastronomiques ou des chevaliers du Tastevin. L'essentiel, pour eux, c'est le travail encore le travail, toujours le travail ! Sans se plaindre d'en avoir trop, sans se plaindre de la fatigue. Est-ce que cela existe, la fatigue ? On est au monde pour travailler et pour mourir à la tâche. Même les loisirs sont studieux, occupés à des jeux qui exigent de la connaissance ou de la réflexion. N'imaginez pas éveiller l'appétit du Capricorne par des innovations de table, des plats compliqués et inhabituels. Donnez-lui des choses simples; qu'il les mange lentement, sans s'absorber dans ses pensées. Si vous lui offrez l'apéritif, je crois que ses préférences iront au Porto, Xérès, Banyuls... Créez autour de lui une atmosphère d'optimisme, de gaieté douce, mais gardez-vous de l'exubérance. Le bruit, les grands rires, les facéties le fatiguent. Il a besoin de repos, cet homme qui n'en prend jamais. La Capricorne est moins sévère. Elle s'extériorise, admet mieux les diversions de la vie sociale. Mais elle est parallèlement travailleuse. Il faut même qu'elle aille au-delà de ses forces.

De tels natifs devraient donc apprendre à goûter la vie, ses humbles plaisirs, les joies de bien manger. Ils ont besoin d'une alimentation réconfortante, réchauffante; le décor peut les aider dans ce sens, non que leur point de vue importe beaucoup, mais parce qu'ils ne peuvent pas ne pas le voir, étant donné leur sens de l'observation, ils s'en imprégneront donc malgré eux...

Naturellement, s'ils s'écoutaient, ils mangeraient dans la cuisine, sur un coin de table ! Ce serait une erreur. Qu'ils aient autant que possible une salle à manger aux meubles de bois un peu sombres; le genre ancien ou rustique leur convient parfaitement. Vous égaierez discrètement l'ensemble de plantes en pots, d'objets charmants et vieillots, de tableaux ou gravures représentant des sites montagneux.

Ne parlez pas à un Capricorne de ce que vous avez dépensé au marché ! Ces natifs sont volontiers près de leurs sous et fort économes. Un plat cher perd pour eux de sa saveur. Ne vous fâchez pas si le chien est à ses pieds, sous la table ou sur ses genoux... et si la nappe ou le tapis s'en ressentent.

Bref, ne contrariez pas un Capricorne, si vous ne voulez pas que le repas qu'il considère comme une corvée devienne un moment presque agréable. Après le déjeuner, la petite sieste est recommandée. Si vous habitez la campagne, la nature vous sera un précieux auxiliaire, car les natifs du Capricorne aiment jardiner; ils aiment aussi marcher et grimper, exercices propices à l'appétit et à l'oxygénation. Mais attention qu'ils ne se fatiguent pas trop. Sachez que ces natifs valent votre peine ! Ils sont sûrs en amour comme en amitié. Du point de vue situation, leur persévérance, leur puissance de travail leur permet à peu près toujours d'accéder aux hauts échelons.

Ce sont les aliments contenant du calcium et du phosphore que les astres proposent aux Capricorne.

Parmi les premiers : lait de chèvre, lait, chou cru (en lamelles émincées, assaisonnées au citron), choux-fleurs, épinards, endives, laitue, pissenlit, roquefort, petit-suisse, rhubarbe, figues, oranges, citron, abricots.

Parmi les seconds : jaune d'œuf (et, entre les repas, dans le jus d'orange, avec ou sans miel liquide), poissons, crabes, pois, lentilles, pain de son, prunes, noix.

### L'enfant Capricorne

Si votre enfant est né sous le signe du Capricorne, vous devez tenir compte de tout ce qui a été dit dans ce volume et qui vous aidera à le comprendre et à supputer ce que sera sa vie d'adulte. Mais tant qu'il est un petit enfant entre vos bras, il n'a peut-être pas encore pris possession de sa personnalité, et, pourtant, il a déjà son caractère, sa psychologie, ses réactions tels qu'ils se manifesteront chez l'adulte qu'il va devenir, mais basés sur d'autres idées, sur d'autres faits.

L'enfant Capricorne ne rêve pas et ce n'est pas avec des contes de fées que vous le ferez se tenir tranquille. Ce qui lui fait plaisir, c'est une histoire naturelle, une histoire qui se déroule au fond de l'eau, ou dans une grotte ! Et aussi un jouet bien fait, qui puisse se démonter et se remonter !

Cet enfant ne sera pas aussi démonstratif que vous le souhaitez : ce n'est pas dans sa nature. Par contre, il ne montrera aucune impatience : il semble qu'il croie fermement avoir l'éternité devant lui.

Sa planète, Saturne, incline à la philosophie et lui inspire l'horreur de la précipitation.

La tonalité martienne du Capricorne fait de lui un être inquiet. Tant que votre enfant ne sera qu'un bébé, cela ne se remarquera pas, mais au fur et à mesure qu'il grandira, il regrettera inconsciemment cette magnifique époque de sa vie. Consciencieux, exigeant envers lui comme envers les autres, il attendra d'être payé en retour par tous ceux qui l'entourent. Dès sa dixième année, vous serez surpris par son sérieux. Ce n'est pas à lui qu'il faudra sans cesse demander d'être sage, bien au contraire. Ingéniez-vous alors à lui trouver des distractions et incitez-le à se faire des amis.

A l'entrée dans l'âge adulte, l'élément terrien du thème lui donnera un sens pratique qui s'ajoutera à l'intuition et au sens des initiatives dus à Saturne, ce qui, somme toute, constituera un capital de réussite appréciable.

Son jour favorable est le samedi, jour de Saturne par excellence, et aussi celui du sabbat de la tradition hébraïque, commémorant le repos de Dieu après la création du monde. Les premiers chrétiens le respectaient aussi, mais en souvenir de la résurrection qui avait eu lieu un dimanche, les apôtres consacrèrent ce jour au Seigneur. Le samedi est extrêmement bénéfique pour les Capricorne, spécialement pour tout ce qui a trait à leur santé. Faites ce jour-là les visites au pédiatre ou à votre centre médico-social, vous vous en trouverez bien.

### Ses chiffres bénéfiques

Les chiffres bénéfiques de l'enfant Capricorne sont le 3, le 7, le 11 et le 23.

Tous ces nombres sont excellents, mais c'est le 3 qui est le plus puissant, car c'est le chiffre de la triade sacrée des disciples de Pythagore et des grands cabalistes. Servez-vous en au maximum pour rythmer la vie de votre enfant : horaire des biberons, des bains, des pesées, etc. Vous pouvez également tricoter des brassières avec un motif différent tous les trois ou sept rangs.

Les natifs de chacun des douze signes du Zodiaque vibrent à l'unisson, consciemment ou inconsciemment, dans des lieux dont la fréquentation leur est bénéfique. Dans le cas de votre enfant, ce sont essentiellement des lieux déserts, calmes, retirés, tous ceux dans lesquels l'animation des centres n'apporte pas son cortège de nuisances. Choisissez-les de préférence aux endroits animés pour l'emmener en promenade; il en recevra d'heureuses influences qui fortifieront son psychisme.

*Pavot. Planche botanique du XVIII$^{e}$ siècle.*

Les animaux qu'il préférera sont : le chien, l'âne, l'ours, la chouette, la tortue et le scarabée.

Seul le chien est un compagnon courant pour un jeune enfant, et encore faut-il qu'il ne soit plus un nourrisson. Les autres seront utilisés en jouets. Le classique nounours en peluche est idéal pour un petit Capricorne.

Ses plantes sont : l'aconit, le pavot, l'ellébore, la jusquiame. Prudence ! Ces plantes sont toutes toxiques, mais vous bénéficierez de leur influence talismanique en les employant pour décorer l'endroit où vit votre enfant, comme motif de papier peint, par exemple.

Ses métaux seront le plomb et l'étain. Ces deux métaux sont en relation intime avec le thème de votre enfant. Cependant, le premier n'est guère utilisable. Contentez-vous d'utiliser l'étain, dans sa vaisselle, ou en décoration. Attention : pour ne pas être toxique, il faut que l'étain ne soit pas altéré.

Les teintes sombres sont couramment associées au thème saturnien du Capricorne. Il vaut pourtant mieux adopter pour votre enfant des teintes roses, qu'il s'agisse d'une fille ou d'un garçon. Cette couleur est en effet liée à la tonalité martienne, qui est la seconde dominante du signe. Employez-la non seulement pour constituer sa garde-robe, mais aussi pour la décoration de sa chambre.

Le parfum de ce sujet sera le chèvrefeuille et le mimosa pour les petites filles, la bruyère pour les petits garçons; ils seront bénéfiques. Méfiez-vous des parfums qui irritent la peau tendre des bébés, en raison de leur teneur en alcool. Il faut toujours employer des eaux de toilette légères, à peine parfumées. Le benjoin et le cuir de Russie sont en particulier très souvent mentionnés parmi les parfums porte-bonheur des natifs du signe. C'est vrai seulement pour les adultes, car leur odeur est trop forte pour les petits.

Les pierres précieuses du Capricorne sont : le grenat, qui est un des talismans naturels du Capricorne les plus actifs. Son effet sur la santé est radical. Dans l'antiquité, les voyageurs avaient toujours des amulettes en grenat pour se protéger des maladies. L'onyx, le jais et le corail noir sont, eux aussi, de bons talismans; cependant leur teinte sombre peut éventuellement être attristante. Vous aurez intérêt à leur préférer l'œil de chat, variété de quartz strié comme l'iris des félins, aux très jolis reflets, qui a la propriété d'accroître le courage physique, ainsi que le tonus psychologique.

Les natifs de son signe se distinguent par un goût exceptionnel pour le travail, l'argent et les économies; voilà pour vous une excellente information ! Il vous sera facile de lui acheter une tirelire, où il pourra ranger la menue monnaie avec laquelle vous le récompenserez de sa sagesse, de son obéissance, de ses petits travaux d'enfant.

**Capricorne, voici le décor de votre vie**

Pour vivre dans un climat tranquille et serein, donc pour être heureux, le natif du Capricorne n'a nul besoin d'une grande cité, ni de son opposé, la pleine nature. Il lui suffit d'être dans un creux : vallon, gorge, crique, etc. – et de préférence près de l'eau. Il est parmi les rares sujets qui apprécient de descendre sous terre. Ils apprécient également tout ce qui a reçu la marque du temps. C'est pourquoi vous vous sentirez heureux dans une vallée étroite, où vous habiteriez une maison ancienne, aux murs épais, aux fenêtres sobres, et située près d'un cours d'eau, d'un puits ou d'un petit étang. Dans cette demeure solide qui défie le temps, vous apprécierez des meubles anciens, rustiques ou non, mais le rustique ne vous va pas mal. Surtout si vous adoptez un style régional aux lignes droites, comme le basque, ou l'ardennois, par exemple, avec des portes en « pointes de diamant ».

Vous aimerez davantage un ensemble plutôt grave que des bibelots et des sous-verres. On voit très bien à votre fenêtre des vitraux colorés, que vous aurez dénichés dans quelque vente aux enchères et que vous aurez fait poser par-dessus les vitres modernes. Pour les autres, vous aimerez des rideaux de grosse toile de teinte foncée ou de velours très lourds et de belle allure. Vos couleurs sont le grenat et le bleu foncé.

Pas de bibelots, dirons-nous encore, mais cela n'exclut pas un très bel et unique objet curieux comme une statue de saint en bois sculpté, ou un lutrin qui a vu des heures de gloire avant de luire dans la pénombre de votre « séjour ».

Vous aimerez les hauts candélabres et les lustres de cuivre hollandais qui apporteront la seule note claire de l'ensemble. Pour rester un Capricorne bien portant, voici quelques suggestions.

Pour vous, Capricorne, les points sensibles de votre corps sont les suivants : ossature (plus spécialement les jambes), la peau, la circulation de retour, les articulations, l'estomac).

Vous avez également une bonne santé, toutefois efforcez-vous d'éviter les maux qui vous guettent et dont voici la longue liste : décalcification, déminéralisation, rhumatismes, arthrose, eczéma, prurit, dermatoses, phlébite, varices, coxarthrose (arthrose de la hanche), gonarthrose (arthrose des genoux), calculs.

Vous en serez averti par des symptômes précis, tels que : douleurs articulaires, fourmillement dans les jambes, fatigue, inappétence, digestions lentes, jambes lourdes.

En somme, pour garder votre forme, vous pouvez suivre ces conseils, prélevés dans la tradition de la médecine naturelle :

- Faites, tous les jours, dès votre plus jeune âge, une douche alternée chaud-froid de tout le corps. Vous insisterez avec l'eau chaude sur la colonne vertébrale, et avec l'eau froide sur les jambes. Il faut toujours terminer avec l'eau froide.

• Tous les matins, astreignez-vous à des mouvements de gymnastique pour vous débloquer les articulations. Demandez conseil à votre kinésithérapeute pour le choix des mouvements.

• Si vos articulations vous font souffrir, prenez deux tasses par jour de ce mélange de plantes : racine de pissenlit 20 g, racine d'hièble 20 g, racine d'ache 10 g, fleurs de millefeuille 10 g, racine de fougère 10 g, racine d'acore 10 g, racine de bugrane 10 g, cresson de fontaine 10 g, feuilles de bouleau 10 g, fleurs d'arnica 15 g, verge d'or 10 g, feuilles de mélisse 10 g. Comptez deux cuillères à soupe pour un demi-litre d'eau froide. Laissez macérer si possible une heure. Faites bouillir cinq minutes et infuser sept minutes. Buvez chaud.

En somme, lecteurs capricorniens, vous avez tout pour être heureux et l'abondance des informations que vous possédez maintenant sur votre signe va vous permettre de vivre pleinement votre vie.

## *ORIGINE DES ILLUSTRATIONS*

*Bibliothèque nationale : 2, 33, 54, 62, 84, 98, 108 – Bibliothèque des Arts décoratifs / Jean-Loup Charmet : 39, 40, 57, 64, 104, 127, 146, 186 – Bulloz : 8, 24, 119, 124, 140, 153 – Jean-Loup Charmet : 39, 45, 49, 71, 78, 81, 90, 94, 106, 113, 116, 133, 163 – Giraudon : 28, 107, 110, 128, 156 – Roger-Viollet : 143 – Archives Snark : 175, 190.*
*Atlas Photo : 68 / Ceyrac : 13 / Dragesco : 160 / Ensky : 6 / Valarcher : 20 – Gamma/ Depardon : 171 – Magnum/Riboud : 22 – Rapho/Bandy : 179 / Silvester : 74 – USIS : 18.*


Achevé d' imprimer
sur les Presses de la
Société LITOPRINT, S. A.
à Fuenlabrada (Madrid)
le 30 septembre 1988

Dépôt légal 1.er trimestre 1984

N° d'Editeur : 612